# 中小企業の
# 会社法・実践講義

山下眞弘 著
Yamashita Masahiro

税務経理協会

　新・会社法が施行されるこの機をとらえ，短期間で会社法全体の知識を整理したい方々のため，コンパクトにまとめた書物をお贈りします。本書は，平成17（2005）年7月26日に公布され平成18年5月施行予定の会社法(平成17年法律第86号)をわかりやすく解説した実践的入門の書です。税理士・公認会計士・司法書士などの実務専門家をはじめ，日常の業務に会社法の考え方や知識を必要とする法務部関係者，さらに広く社会人や学生の皆さんも読者に迎えて，新・会社法の世界に案内します。

　平成に入ってからは，商法の改正がめまぐるしく繰り返され，実務に携わる方々の多くは，十分にその改正内容を把握できないまま，新法の時代を迎えてしまったのではないでしょうか。「急がば回れ」という諺のとおり，新しい会社法が成立したこの機会に，改めて基本から会社法の全体像を見渡してみてはどうでしょう。本書によって，これから会社法を学ぼうとする方には会社法の楽しさを知ってもらい，すでに会社実務を経験した方には，新しい会社法の理解を深めるきっかけとなることを願っています。

　本書では，会社法の最新の理論をもとに通説・判例の立場に立って，実践的かつ具体的に解説するよう心がけています。現実に会社の大部分を占めている中小会社を念頭に置きつつ，改正の前後をフォローしながら，新・会社法の全貌を描き出しています。より理解しやすいように，一般の解説書と説明の順序を多少入れ替えていますが，基本的には会社

法の体系に依っています。基礎からやさしく説くこの書物をきっかけに、新・会社法に興味をもって、その考え方や内容を真に理解されるよう期待しています。

　なお、平成18年2月7日に、「会社法施行規則」（法務省令第12号）、「会社計算規則」（同13号）および「電子公告規則」（同14号）が公布されました。これらの諸規則は、会社法を補完する重要な働きをしますので、省令の条文を参照することをお勧めします。また、これらの制定に伴い、「商法施行規則」の改正も行われています。

　最後に、この書物をより読みやすくするために、原稿について有益な意見を寄せてくださった実務家の皆さん、そして学生諸君に感謝するとともに、本書の刊行について、ご尽力いただいた峯村英治書籍企画部長および石田孝男書籍製作部次長をはじめ、税務経理協会の書籍編集部の皆さんに心からお礼を申し上げます。

2006（平成18）年2月

山下　眞弘

> **凡 例**
> 
> \* 会社法の条文は条数のみ表記
> 
> \* 平成17年改正前の商法は旧商法と表記

# 目　次

はしがき
凡　例

## *1* 会社のイメージ …………………………………… 3
### ① 会社とは何か ………………………………………… 3
　(1) 営利性・社団性・法人性 ………………………… 3
　(2) 会社権利能力の制限 ……………………………… 5
### ② 会社にはどんな種類があるか ……………………… 6
　(1) 改正前における会社の種類 ……………………… 6
　(2) 特例有限会社 ……………………………………… 7
　(3) 会社法における会社の種類 ……………………… 8

## *2* 会社の機関（運営システム） ………………… 13
### ① 株式会社の機関設計とは …………………………… 13
　(1) 旧商法に存在した主な機関 ……………………… 13
　(2) 会社法における機関設計の柔軟化 ……………… 14
　(3) 取締役会を設置しない会社 ……………………… 15
　(4) 取締役会を設置する会社 ………………………… 15
　(5) 株式会社機関設計の基本ルールまとめ ………… 16
### ② 株主総会 ……………………………………………… 17
　(1) 株主総会の招集 …………………………………… 17
　(2) 決議の種類 ………………………………………… 18

(3)　株主の議決権－その原則と例外……………………………18
　　(4)　株主提案権……………………………………………………20
　　(5)　株主総会の合理化……………………………………………21
　　(6)　会社手続の効率化……………………………………………22
　　(7)　取締役会を設置しない会社の株主総会……………………22
　　(8)　株主総会決議の瑕疵…………………………………………23
　3　取 締 役 会……………………………………………………24
　　(1)　取締役会の権限………………………………………………25
　　(2)　取締役会の招集………………………………………………25
　　(3)　取締役の決議…………………………………………………25
　　(4)　取締役会での書面決議容認…………………………………26
　　(5)　取締役会の形骸化防止………………………………………26
　　(6)　特別取締役の決議制度（重要財産委員会の廃止）………27
　4　取 締 役………………………………………………………28
　　(1)　取締役の員数と選任…………………………………………28
　　(2)　取締役の欠格事由……………………………………………28
　　(3)　取締役の任期…………………………………………………29
　　(4)　取締役の義務と責任…………………………………………29
　　(5)　取締役の権限濫用の防止……………………………………32
　　(6)　取締役の責任とその緩和策…………………………………35
　　(7)　株主代表訴訟（責任追及等の訴え）………………………38
　　(8)　取締役の任期伸長と解任……………………………………41
　5　代表取締役……………………………………………………43
　　(1)　代表権の制限…………………………………………………43
　　(2)　代表権の濫用…………………………………………………44

(3)　必要な決議に基づかない行為……………………44
　　(4)　表見代表取締役……………………………………45
6　委員会設置会社……………………………………………46
　　(1)　委員会設置会社とは………………………………46
　　(2)　執行役の権限と責任………………………………47
　　(3)　三委員会の義務と権限……………………………47
7　監　査　役…………………………………………………48
　　(1)　監査役の資格………………………………………48
　　(2)　監査役の任期………………………………………48
　　(3)　監査役の権限………………………………………48
　　(4)　監査役制度の合理化………………………………49
8　会計参与制度の新設………………………………………50
　　(1)　会計参与とは………………………………………50
　　(2)　会計参与の選任・資格……………………………51
　　(3)　会計参与の任期・報酬……………………………51
　　(4)　会計参与の権限……………………………………52
9　会社法における会計監査人制度…………………………52
　　(1)　会計監査人の任意設置の範囲……………………52
　　(2)　会計監査人の資格と欠格事由……………………53
　　(3)　会計監査人の権限…………………………………53
　　(4)　会計監査人の報酬…………………………………53
　　(5)　会計監査人の会社に対する責任…………………53
10　コンプライアンス…………………………………………54

## *3* 株式とは何か ……………………………………………55
### ①  株式と株券は別もの ……………………………………55
   (1) 株式と株主 ……………………………………………55
   (2) 株式の増減とその影響 ………………………………55
   (3) 株式譲渡自由の原則 …………………………………56
   (4) 株 券 と は ……………………………………………57
   (5) 善意取得とは …………………………………………57
   (6) 株券の不発行 …………………………………………57
### ②  種類株式とは ………………………………………………58
### ③  種類株式のさらなる改正点 ……………………………60
   (1) 議決権制限株式の発行限度の撤廃 …………………60
   (2) 種類株主総会の改正点 ………………………………60
### ④  単元株制度と廃止された端株制度 ……………………61
   (1) 端株と単元未満株 ……………………………………61
   (2) 端株制度の廃止 ………………………………………61
### ⑤  株主の権利と義務 ………………………………………62
   (1) 株主の権利 ……………………………………………62
   (2) 自益権と共益権 ………………………………………62
   (3) 単独株主権と少数株主権 ……………………………63
   (4) 株主の義務 ……………………………………………63
   (5) 株主平等の原則とは …………………………………63
   (6) 利益供与の禁止 ………………………………………64
### ⑥  多様化された株式譲渡制限 ……………………………64
   (1) 株式の譲渡制限 ………………………………………64
   (2) 制限方法の多様化 ……………………………………65

　　　　　　　　　　　　　　　　　　　　　　　　　目　次

　　(3)　取得者からの承認請求 ……………………………………… 66
**7　少数株主権の合理化** ………………………………………………… 66
　　(1)　監督是正権とは ……………………………………………… 66
　　(2)　少数株主権の行使要件 ……………………………………… 67
　　(3)　株主総会関連の少数株主権行使 …………………………… 67
　　(4)　株主名簿等の閲覧請求権 …………………………………… 67
**8　基準日の明確化** ……………………………………………………… 68
　　(1)　基準日とは …………………………………………………… 68
　　(2)　基準日後の株主権 …………………………………………… 68
　　(3)　日割配当の廃止 ……………………………………………… 69
**9　自己株式取得の緩和と明確化** ……………………………………… 69
　　(1)　自由化の要請 ………………………………………………… 69
　　(2)　自己株式取得の許容と手続 ………………………………… 70
　　(3)　相対取引による取得の改善 ………………………………… 70
　　(4)　会社の権利行使 ……………………………………………… 71
**10　株式の消却・併合・分割** …………………………………………… 71
　　(1)　株式の消却とは ……………………………………………… 71
　　(2)　株式の併合とは ……………………………………………… 72
　　(3)　株式の分割とは ……………………………………………… 72
**11　子会社規制の整備** …………………………………………………… 73
　　(1)　子会社の規制 ………………………………………………… 73
　　(2)　子会社による親会社株式の取得制限 ……………………… 73
　　(3)　相互保有株式の規制 ………………………………………… 74

## 4 新株・新株予約権発行による資金調達 …………………75
### ① 資金調達の方法 ……………………………………………75
### ② 新株発行（募集株式の発行）……………………………75
　(1) 新株（募集株式）発行の方法 ……………………………76
　(2) 新株発行と既存株主の保護 ………………………………76
　(3) 譲渡制限株式の発行手続 …………………………………77
　(4) 譲渡制限株式の割当者の決定 ……………………………77
　(5) 株主となる時期 ……………………………………………78
　(6) 株 主 割 当 …………………………………………………78
　(7) 金銭債権の現物出資 ………………………………………78
　(8) 新株発行に対する払込の証明 ……………………………79
　(9) 新株発行の瑕疵 ……………………………………………79
### ③ 新株予約権 …………………………………………………79
　(1) 新株予約権とは ……………………………………………79
　(2) 募集新株予約権の発行手続 ………………………………80
　(3) 新株予約権の行使・譲渡 …………………………………80
　(4) 第三者に対する有利発行 …………………………………81
　(5) 新株予約権の消却 …………………………………………81
　(6) 自己新株予約権 ……………………………………………81
### ④ ストック・オプション ……………………………………82
　(1) ストック・オプションとは ………………………………82
　(2) ストック・オプションの活用 ……………………………82
　(3) ストック・オプション制度の手続 ………………………82

## *5* 社債の発行による資金調達 ……………………………85
### ①　社　　債 ……………………………………………85
　(1)　社債とは……………………………………………85
　(2)　社債の発行手続……………………………………86
　(3)　社　債　券………………………………………86
### ②　社債発行手続の改正点 ………………………………87
　(1)　社債募集事項の明確化……………………………87
　(2)　打切発行とは………………………………………87
### ③　社債管理者・社債権者集会 …………………………87
　(1)　社債管理者…………………………………………87
　(2)　社債権者集会………………………………………88
### ④　社債管理者の責任強化 ………………………………89
　(1)　これまでの問題点…………………………………89
　(2)　責任の強化…………………………………………89
　(3)　社債管理者の辞任要件の緩和……………………90
### ⑤　社債の譲渡・質入等 …………………………………90
　(1)　社債の譲渡・質入…………………………………90
　(2)　社債の善意取得……………………………………91

## *6* 会社の計算はどうする ……………………………93
### ①　会社の会計 ……………………………………………93
　(1)　会社の計算とは……………………………………93
　(2)　計算書類等とは……………………………………94
　(3)　資本金と準備金とは………………………………95
### ②　純資産の部変動手続の柔軟化 ………………………95

- (1) これまでの制度……………………………………………95
- (2) 資本金等の計数の変動手続……………………………96
- (3) 資本金・準備金減少の上限規制の撤廃………………96
- (4) 資本組入れ基準の変更…………………………………96

### ③ 資本原則の緩和……………………………………………97
- (1) これまでの資本制度……………………………………97
- (2) これまでの制度上の問題点……………………………98
- (3) 財務の開示と資本原則の合理化………………………98

### ④ 会社財産払戻および剰余金の配当………………………99
- (1) 剰余金配当規制の趣旨…………………………………99
- (2) 剰余金配当の手続………………………………………99
- (3) 現物配当とは……………………………………………100
- (4) 違法配当とは……………………………………………101
- (5) 自己株式の有償取得……………………………………101

### ⑤ 利益処分・損失処理の柔軟化……………………………102
- (1) 柔軟化の内容……………………………………………102
- (2) 役員賞与の取扱い………………………………………102

## 7 会社の設立はどうする……………………………………103

### ① 設立のポイント……………………………………………103
- (1) 発起設立の手順…………………………………………104
- (2) 募集設立…………………………………………………104

### ② 設立のスタート……………………………………………105
- (1) 定款の作成………………………………………………105
- (2) 定款記載事項の合理化…………………………………106

## 目　次

- ③ 社員の確定と設立経過の調査 …………………………107
  - (1) 社員の確定 …………………………………………107
  - (2) 設立経過の調査 ……………………………………108
  - (3) 預合いと見せ金 ……………………………………108
- ④ 設立中の会社 ……………………………………………109
  - (1) 設立中の会社とは …………………………………109
  - (2) 発起人組合と設立中の会社 ………………………110
  - (3) 発起人の権限 ………………………………………110
- ⑤ 変態設立事項と現物出資の緩和 ………………………111
  - (1) 変態設立事項（危険な約束）とは ………………111
  - (2) 現物出資規制の緩和 ………………………………113
- ⑥ 事後設立の緩和 …………………………………………114
  - (1) 事後設立とは ………………………………………114
  - (2) 事後設立規制の問題点 ……………………………114
  - (3) 事後設立の規制緩和 ………………………………115
- ⑦ 払込保管証明の緩和 ……………………………………115
  - (1) これまでの払込保管証明制度とは ………………115
  - (2) 払込保管証明の緩和と払込取扱機関の拡大 ……115
- ⑧ 会社設立に関する責任 …………………………………116
  - (1) 発起人等の責任 ……………………………………116
  - (2) 会社財産の塡補責任 ………………………………116
  - (3) 損害賠償責任 ………………………………………117
  - (4) 会社不成立の場合の責任 …………………………117
- ⑨ 法人格否認の法理 ………………………………………117
  - (1) 法人格否認の法理とは ……………………………117

(2) 法人格否認の法理の適用要件 ……………………118
　　(3) 法人格形骸化・濫用の具体例 ……………………118

## *8* 持分会社の種類と特色……………………………121
### ⑴ 合 名 会 社 ……………………………………………121
　　(1) 設　　　立 ……………………………………………121
　　(2) 出 資 等 ……………………………………………121
　　(3) 業務の執行 ……………………………………………121
　　(4) 退社の制度 ……………………………………………122
　　(5) 会社の終了 ……………………………………………122
### ⑵ 合 資 会 社 ……………………………………………122
　　(1) 合名会社との違い ……………………………………122
　　(2) 有限責任社員 …………………………………………123
### ⑶ 合 同 会 社 ……………………………………………123
　　(1) 業務の執行 ……………………………………………124
　　(2) 計　　　算 ……………………………………………125
　　(3) 社員の退社 ……………………………………………125

## *9* 会社の組織再編はどうする …………………………127
### ⑴ 組織再編の弾力化 ………………………………………127
　　(1) 組織再編手続の見直し ………………………………127
　　(2) 改正点の概要 …………………………………………127
### ⑵ 合　　　併 ………………………………………………128
　　(1) 合併とは ………………………………………………128
　　(2) 合併の手続 ……………………………………………128

　　　　　　　　　　　　　　　　　　　　　　　　目　次

　　(3)　反対株主の株式買取請求権 ……………………………………129
　　(4)　債権者保護手続 ……………………………………………………129
　　(5)　登　　　記 ………………………………………………………129
　　(6)　株主総会の承認を要しない場合 ………………………………129
　③　事 業 譲 渡 ……………………………………………………………130
　　(1)　事業譲渡とは ………………………………………………………130
　　(2)　事業譲渡の手続 ……………………………………………………131
　　(3)　事業譲受けの手続 …………………………………………………131
　　(4)　特別支配関係にある場合 …………………………………………132
　　(5)　反対株主の株式買取請求権 ………………………………………132
　　(6)　事業全部の賃貸等 …………………………………………………132
　　(7)　会社・商人間での事業譲渡・譲受け …………………………133
　④　会社の分割 ……………………………………………………………133
　　(1)　会社の分割とは ……………………………………………………133
　　(2)　分割の手続 …………………………………………………………134
　　(3)　反対株主の株式買取請求権 ………………………………………134
　　(4)　債権者保護手続 ……………………………………………………134
　　(5)　株主総会の承認が不要な場合 ……………………………………134
　⑤　株式交換・株式移転 …………………………………………………135
　　(1)　完全親子会社とは …………………………………………………135
　　(2)　株式交換・株式移転とは …………………………………………135
　　(3)　株式交換・株式移転の手続 ………………………………………136
　⑥　合併などの対価の柔軟化 ……………………………………………136
　　(1)　これまでの組織再編 ………………………………………………136
　　(2)　対価の柔軟化とは …………………………………………………137

- ⑦ 株主総会の承認を要しない組織再編 …………………………138
  - (1) これまでの簡易組織再編 ……………………………………138
  - (2) 簡易組織再編の要件緩和（5％基準から20％基準へ）………138
  - (3) 簡易組織再編に反対する株主の異議要件 …………………138
  - (4) 特別支配関係と略式組織再編行為 …………………………139
  - (5) 略式組織再編の差止め ………………………………………139
- ⑧ 組織再編行為と差益・差損 …………………………………140
  - (1) 差益が生じる場合 ……………………………………………140
  - (2) 差損が生じる場合 ……………………………………………140
- ⑨ 組織変更・定款の変更 ………………………………………141
  - (1) 組織変更ができる場合 ………………………………………141
  - (2) 組織変更の手続 ………………………………………………141
  - (3) 債権者保護手続 ………………………………………………141
  - (4) 定款変更の手続 ………………………………………………142
- ⑩ 企業買収防衛 …………………………………………………142
  - (1) 敵対的買収とは ………………………………………………142
  - (2) ポイズンピルとは ……………………………………………143
  - (3) その他の企業防衛策 …………………………………………144

## 10 会社の解散・清算はどうする …………………………145

- ① 解　　散 ………………………………………………………145
  - (1) 解散事由 ………………………………………………………145
  - (2) 会社の継続とは ………………………………………………145
  - (3) みなし解散とは ………………………………………………146
  - (4) 解散会社の合併等の制限 ……………………………………146

⑵ 解散命令等 …………………………………………146
 (1) 会社の解散命令 …………………………………146
 (2) 会社財産に関する保全処分 ……………………147
⑶ 清算手続の合理化 …………………………………147
 (1) 裁判所の関与の廃止 ……………………………147
 (2) 清算中の会社の機関 ……………………………148
 (3) 清算中の会社がすべき公告 ……………………149
 (4) 残余財産の分配 …………………………………149
 (5) 清算結了登記後の資料保存者 …………………149

## 11 会社の訴えの制度 ………………………………151
⑴ 会社の組織に関する訴え …………………………151
 (1) 組織に関する行為無効の訴えとは ……………151
 (2) 設立無効の訴え …………………………………151
 (3) 新株発行無効の訴え ……………………………152
⑵ 株式会社役員解任の訴え …………………………152
⑶ 会社の事件と非訟手続 ……………………………153

## 12 会社総則・外国会社 ……………………………155
⑴ 登記・公告 …………………………………………155
 (1) 登記の効力 ………………………………………155
 (2) 登記すべき事項 …………………………………155
 (3) 公告方法 …………………………………………156
⑵ 類似商号規制の廃止 ………………………………157
⑶ 名板貸人の責任 ……………………………………157

13

⑷ 会社の支配人・表見支配人 …………………………158
⑸ 事業譲渡と競業避止義務 ……………………………158
⑹ 外国会社の規制 ………………………………………159
　⑴ 外国会社に対する規律 ……………………………159
　⑵ 登記前の継続取引の禁止 …………………………159
　⑶ 疑似外国会社に関する規制の改正 ………………160

**参考資料**

「会社法施行規則」,「会社計算規則」及び
　「電子公告規則」について……………………………161

# 中小企業の会社法・実践講義

# *1* 会社のイメージ

## ⟳1 会社とは何か

　平成17年改正前の商法（以下，旧商法という）52条・54条および旧有限会社法1条では，会社は，「営利を目的とする社団・法人である」とされてきたが，会社法の規定では，会社は法人とすると定める（3条）だけで，「営利」や「社団」という文字が見あたらない。会社は営利を追求する社団法人ではなくなったのだろうか。これを議論する実益は何か。

### (1) 営利性・社団性・法人性

#### ① 営利性とは

　会社を設立するのは，構成員である出資者（社員。株式会社ではとくに株主ともいう）から集めた資金を使って事業を行うことで利益を獲得し，出資者に利益を分配するためである。これが会社の最大の目的である。この分配がなければ，出資者は会社が獲得した利益の恩恵に与れない。構成員への利益分配を含むのが，ここでいう営利性の意味である。個人商人が，営利を目的として対外的取引をするのとは意味が異なる。利益

追求を目的とすると，取引先など会社債権者と利害が対立する危険が高まるため，民法など個人（私人一般）を対象とする法律とは別の規制をする必要が生じる。これが会社法である。そこで，会社法から「営利」という文言が消えたことから，利益をすべて寄付することを目的とできるかが問題となる。

### ② 社団性とは

これまで社団と組合（民法667条以下）は全く異なるものと考えられていた。団体の構成員同士が契約で直接結ばれているのが民法上の「組合」で，構成員の間につながりがなく団体を通じて間接的に結合しているのが「社団」であるとか，構成員の個性が濃厚なのが「組合」でその個性が希薄なのが「社団」である，というように区別して説明されてきた。しかし現実の団体をみてみると，このように割り切れないものが少なからずあることに気づく。たとえば，合名会社は社団とされてきたが，実質は「組合」に近いし，「社団」は人の集まりを前提としながら，社員が一人でも会社は設立され存続することもできる（一人会社）。実際上も，社団に関する法律関係は個別に法律で規定されているため，とりたてて社団性を問題とする意味も失われ，会社法では，会社が「社団」であるという明文規定を削除してしまった。したがって，会社は本来の意味での社団ではないということもできる。

### ③ 法人性とは

それは，私たちを指す人（法人に対して自然人という）とは別の権利主体になれる地位（権利能力）をもっているということである。会社も団体としてまとまった人の集団を，ひとつの権利主体として扱うことがで

きれば便利である。会社は法人であることによって，その会社名義で取引ができるし登記もでき，会社名義で訴訟もすることができる。このように，団体を構成している人ごとに法律関係を考えるのではなく，ひとまとまりの法人というものにすることで，法律関係を単純かつ明確にできる。

さらに，法人制度の存在する意義を見い出すとすれば，社員（出資者）所有の財産と会社財産の法的な区分けができるということも重要である。これによって，株式会社の株主有限責任の制度が可能となる。仮に，株主の固有財産と株主が会社に出資した会社財産とが，法的に仕分けできなかったら，株主個人の債権者が会社財産を差し押さえるということも起こりうるし，逆に会社の債権者が，株主に個人的な責任を追及してくることも生じることとなる。これでは，株主は出資の範囲でしか責任を負わないという，株主有限責任の制度が成り立たない。

## (2) 会社権利能力の制限

会社の権利能力（権利や義務の主体となる地位・資格のこと）には，各種の制限がある。

① 性質上生じる制限がある。たとえば，会社は生身の人間ではないので，親権や扶養請求権等はない。

② 法律によって定められた制限がある。会社が解散・破産した場合，会社は清算・破産の目的の範囲内でしか権利能力をもてない。

③ 定款（会社の根本規則）に記載されている会社の目的による制限がある。会社が定款上の目的以外の行為をした場合は，その行為は無効となる。これでは取引先が不安定となる。そこで，会社のなしうる行為は，定款に目的として記載された事項に限られず，目的を達

成する上で抽象的にみて必要となる行為も含まれるため，目的による制限を受けることは現実にはあまりない。これは，取引安全への配慮の現れである。

## ② 会社にはどんな種類があるか

### (1) 改正前における会社の種類

　平成17年の改正前は，旧商法上の合名会社，合資会社，株式会社，および有限会社法による有限会社の4つの形態があったが，有限会社制度は廃止され株式会社に統合された。そのため，今後，有限会社の設立はできないが，改正前から存続する有限会社は会社法の規定による株式会社（特例有限会社）として存続できる（会社法の施行に伴う関係法律の整備等に関する法律〔以下，整備法という〕2条以下）。廃止された有限会社の数は180万社ともいわれ，株式会社に近い性質を有する閉鎖会社で，出資額を限度とする有限の間接責任を負う社員からなる点で株式会社と似ているが，社員の人数が限定され，会社の設立手続，運営組織などが簡略化されている点で株式会社と異なる制度であった。

　ところで，株式会社に近い数を誇った有限会社制度が，廃止されたのはなぜだろうか。株式会社は，広く株主を募り，大規模な企業経営を行うことに向いている会社制度であるが，有限会社は，親族や知人の間で資金を出し合って中小企業を設立するのに向いている。ところが，現実には小規模で閉鎖的な企業でありながら，株式会社の形態をとっている例が多くみられた。株式会社の信用力が過大評価されたのも理由のひとつであろう。これらの会社は，株式会社という形態を選択したものの，実態はほとんど有限会社と異ならない。また逆に，大規模な有限会社に

も問題があった。大規模な会社であれば，会社債権者保護のために，厳格な株式会社の規律を適用する方がよいと考えられる。そこで，会社法では，有限会社と株式会社を一本化して，株式会社の法規制の中でその実態に合った規律をすることとした。それゆえ，株式会社は小規模・閉鎖的で組織も簡略なものを法制度的にも包括することとなった。そこで，180万社も存在した有限会社の取扱いが問題となり，これを規定する「整備法」が特に重要である。

### (2) 特例有限会社

特例有限会社も会社法の規定による株式会社ではあるが，かつての有限会社法による有限会社のまま会社法に横滑りしたような株式会社で，特例として「有限会社」の商号の継続使用が認められ，経過措置をおいた上で有限会社の制度を維持する会社法の特則（整備法2条以下）が適用される。

たとえば，①役員の任期規制がない（整備法18条），②決算公告の義務もなく，計算書類等の備置義務もない（同28条）などのメリットのほか，③機関は株主総会・取締役・監査役に限定され，取締役会や会計参与の設置はできない（同17条1項）。また，大会社の要件を満たしても会計監査人の設置は強制されない（同条2項），④監査役の権限は会計に関するものに限定される（同24条），⑤株式交換・株式移転はできない（同38条），など，旧有限会社と同様の特性も少なくない。これら以外については，原則として株式譲渡制限会社と同様で，⑥株券や社債券を発行することもできる。なお，特例有限会社は，あくまでも株式会社としては過度的な位置づけにあるため，特例有限会社が存続会社となる合併等はできない（同37条）。

特例有限会社は，このまま特例有限会社に留まることもできるが，株式会社に変更すると，信用力が増すとか規模の拡大や株式公開の可能性もある。そこで，会社法施行後に定款変更による商号変更手続によって株式会社に名実ともに変更することもできる（同45条）。会社法施行前の段階では，このようなことは組織変更の手続きによるほかなかった。なお，特例有限会社の存続期間については，現時点では何ら制限がない。仮に永久に存続させるのであれば，旧有限会社の制度を残存させるのと実質的に変わらないということもできよう。

### (3) 会社法における会社の種類

会社法では，これまでの株式会社，合名会社，合資会社の他に，新しく合同会社という会社形態が認められ（2条1号），この合同会社と合名会社および合資会社をあわせて「持分会社」とよばれ（575条1項），これには株式会社と異なる共通点がある。会社法上，会社の種類はこれらに限定される（7条参照）。なお，会社法には，主要な用語について，詳しい定義規定が置かれている（2条）。

#### ① 株式会社

会社法25条以下に規定する株式会社は，各自がもつ株式の引受価額を限度とする間接有限責任を負うにすぎない社員だけからなる会社をいう。株式会社の社員は株主と呼ばれる。株主は株式の払込という形で会社に対して出資義務を負うだけで，それ以外は会社債権者に対して何ら責任を負わない（104条）。これを「株主有限責任」という。つまり，株主は会社への払込の責任を負い，その出資が会社を通じて会社債権者への弁済にあてられることから「間接責任」といわれる。株式会社は，有限会

社と同様，社員と会社との関係や社員相互の関係が希薄で，社員の個性よりも出資された財産が重視される会社のため「物的会社」とされる。各社員は，業務執行にはあたらない。

### ② 持分会社

持分会社である合名会社，合資会社，合同会社は，社員が会社の業務執行にあたることを予定し，会社の内部関係は民法の組合に似た規律がなされるという点で共通する。3つの会社の違いは，会社の対外関係にある。a 合名会社は出資者全員が無限責任社員の会社であり，b 合資会社は無限責任社員と有限責任社員が混在する会社である点は，これまでと同様である。これに対し c 合同会社は，出資者全員が有限責任の会社である。

#### a 合名会社

合名会社（576条2項）は無限責任社員だけからなる会社である。社員というのは，いうまでもなく従業員のことではなく，出資者のことである。各社員は出資義務を負うほか，会社債権者に対して直接に無限の連帯責任を負う。つまり，社員が直接に会社債権者に対して会社の債務を弁済する責任を負い（直接責任），会社が負っている債務の範囲内で，社員がその個人財産で限度なく責任を負う（無限責任）。

合名会社は，次の合資会社と並んで，社員と会社との関係や社員相互の関係が密接で，社員の個性が重視されるため人的会社とされ，各社員は自ら会社経営に参加する（590条1項）。合名会社では，社員が1人だけの会社（一人会社）も認められる（641条4号）。法人が社員となることも認められる。また，持分の譲渡によるほか，全社員の同意のもと社員は退社することができ，その場合は持分の払戻しを受ける（606条・607条・

611条)。相続・合併の場合の特則もある (608条)。

### b 合資会社

合資会社 (576条3項) は，無限責任社員と有限責任社員とからなる会社である。無限責任社員は，合名会社の社員と同じ地位に立つ。有限責任社員は，定款に記載された出資額までしか責任を負わず，未履行の出資額を限度として，会社の債務につき会社債権者に対して直接責任を負う (580条2項)。これを直接有限責任という。有限責任社員の出資は，金銭その他の財産に限られる (576条1項6号)。合資会社では，法人がその無限責任社員になることも認められる。

また，これまで，有限責任社員は業務執行権限および代表権をもたなかったが (旧商法156条)，会社法では，合名会社と同様に業務執行および会社代表権が認められる (590条1項・599条1項)。なお，業務を執行しない有限責任社員の持分の譲渡は，全社員の同意 (原則) を必要とせず，業務を執行する社員全員の同意があればできる (585条2項)。

### c 合同会社

合名・合資の名称と横並びにした合同会社 (576条4項) は，社員が有限責任しか負わず (580条2項)，対外的には債権者を保護するため株式会社と同様の取扱いを要し，全額払込規制による (578条)。対内的には民法上の組合に類似する会社である。これは，専門知識やノウハウをもった少数の出資者が集まり，その知識などを活用して自らが経営を行う会社の設立を予定している。業務執行および会社代表は，合名会社や合資会社と同様である。持分の譲渡についても，合資会社の有限責任社員の場合と同様である。

これまでも社員自らが経営を行う合名会社という制度があった。しかし，合名会社では，出資者個人が会社の債務について全責任を負うので

リスクが大きいという難点があった。そこで，社員が対外的に有限責任を負うにすぎない合同会社という会社形態が創設された。

## 2　会社の機関（運営システム）

### ① 株式会社の機関設計とは

　会社の意思決定をする人や組織を機関という。株式会社では機関の分化が進んでいる。機関が分かれるのは、出資者が当然に経営をするのではないため、機関をいくつかに分けて役割分担し相互に抑制させることで、会社経営の合理化と適正化をはかるためである。

#### (1) 旧商法に存在した主な機関

① **株主総会**（旧商法230条ノ10以下）　株主によって構成される株式会社の最高の意思決定機関で、会社の組織・運営・管理その他の会社の基本的事項について決定する権限をもつ。

② **取締役会**（旧商法254条以下）　経営の専門家である取締役によって構成される。会社の業務執行に関する意思決定をする権限をもつとともに、代表取締役を選任する権限がある。

③ **代表取締役**（旧商法261条以下）　取締役の中から選ばれ、取締役会の意思決定に基づいて会社の業務執行を行う機関で、対外的に会社を代

表する機関でもある。
④　**監査役**（旧商法273条以下）　取締役の職務執行を監督する機関で，会計監査と業務監査の権限がある。

### (2)　会社法における機関設計の柔軟化

これまでと異なって，すべての株式会社は，「株主総会」（295条以下）と「取締役」（348条以下）を設置する必要がある（326条1項）が，次の機関は一定の要件のもとで任意に設置される（同条2項）。

① 　**取締役会**（362条以下）
② 　**監査役**（381条以下）・**監査役会**（390条以下）
③ 　**会計参与**（会社法で新設。374条以下）　取締役や執行役と共同して計算書類などを作成し，株主総会での説明をする職務を担う者である。資格者は，税理士または公認会計士に限られる（税理士・監査法人も含む）。
④ 　**会計監査人**（396条以下）　これまでと同様，会社の計算書類等を監査する公認会計士・監査法人である。会計監査人は，大会社や三委員会を設置する場合には必ず設置しなければならない。監査役（監査役会を含む）を設置する場合には，会計監査人を任意で設置できる。
⑤ 　**三委員会**（400条以下）　委員会設置会社には，株主総会に提出する取締役の選任・解任に関する議案内容を決定する「指名委員会」，取締役・執行役の職務の適正を監査し，株主総会に提出する会計監査人の選任・解任等に関する議案内容を決定する「監査委員会」，取締役・執行役・会計参与の報酬について決定する「報酬委員会」の3つの委員会が置かれる。
⑥ 　**執行役**（418条以下）・**代表執行役**（420条以下）　委員会設置会社には，取締役会から委任された事項について業務執行の意思決定をするほか，

会社の業務を執行する「執行役」，会社を代表する「代表執行役」が置かれる。

### (3) 取締役会を設置しない会社

株式譲渡制限会社（発行する全部の株式について譲渡による取得に会社の承認を要する株式会社）以外の会社（公開会社）は，取締役会を設置しなければならないが（327条1項1号），譲渡制限会社では，取締役会の設置は任意である。取締役会を設置しない場合は，機関構成は単純となるが，株主総会の権限が一切の事項に拡大されるため（295条1項），株主による経営への干渉がありうる。これに対して取締役会を設置すると，株主総会の権限が一定範囲に制限される（同条2項）。このようなことも，機関構成の選択にあたっては，判断の素材となる。

取締役会を設置しない場合，各取締役が「機関」として株式会社の業務執行・代表権をもつ（348条1項・349条1項）。複数の取締役を設置する場合は，原則として業務執行の意思決定は取締役の過半数による（348条2項）。定款や株主総会の決議で代表取締役を定めることもできる（349条1項但書）。なお，「取締役会」を設置した場合の各「取締役」は機関ではなく，取締役会の構成員にすぎないことに留意すべきである。

### (4) 取締役会を設置する会社

取締役会を設置する場合には，監査役（監査役会を含む）または三委員会のどちらかを必ず設置しなければならないが（327条2項），両方を設置することはできない（同条4項）。ただ，譲渡制限会社であって大会社（2条6号）でない場合は，これらを設置せずに会計参与の設置をもって代えることができる（327条2項但書—会計参与設置会社）。なお，いずれ

の機関設計を選択した場合であっても，定款の定めにより会計参与は任意に設置できる。

## (5) 株式会社機関設計の基本ルールまとめ

機関設計については，①株式譲渡制限会社か否か，②取締役会設置会社か否か，③会計監査人設置会社か否か，④大会社か否か等によって，その規律が異なる。なお，譲渡制限会社でない「公開会社」は，株式上場の有無とは関係のない概念で，全株式譲渡制限会社（これが株式譲渡制限会社）以外が公開会社である。したがって，その会社が発行する株式のうち，たとえ一部でも譲渡制限がされていなければ公開会社であるということになる。公開会社という呼称に惑わされないことである。

機関設計を選択する場合に，会社に対する株主の権限との関係で，最初に判断すべき点は，取締役会を置くかどうかである。その設置の有無で株主総会の権限の大きさが決定づけられる（295条1項2項）。次に，監査役を置くかどうかを判断すべきである。監査役を置かない場合は，株主に強大な権限を付与する結果になる（たとえば，367条1項・371条2項）。なお，会計監査に限定された監査役が設置されても，監査役を設置した会社とはならない（2条9号）。

株主総会以外の機関の設置については，以下のルールがある。

① 株式会社は，1人または2人以上の「取締役」を置くこと（326条1項）

② 定款の定めにより「取締役会・会計参与・監査役・監査役会・会計監査人または委員会」を置くことができること（326条2項）

③ 公開会社・監査役会設置会社および委員会設置会社は「取締役会」を置くこと（327条1項）

④ 委員会設置会社でない取締役会設置会社は,「監査役」を置くこと(ただし,譲渡制限会社で会計参与設置会社はその必要がない)(327条2項)
⑤ 委員会設置会社でない会計監査人設置会社は,「監査役」を置くこと(327条3項)
⑥ 委員会設置会社は,「監査役」を置くことができないこと(327条4項)
⑦ 委員会設置会社は,「会計監査人」を置くこと(327条5項)
⑧ 大会社(譲渡制限会社および委員会設置会社を除く)は,「監査役会および会計監査人」を置くこと(328条1項)
⑨ 譲渡制限大会社は,「会計監査人」を置くこと(328条2項)などである。

## ② 株主総会

株主総会は,株主によって構成される株式会社の最高の意思決定機関である。株主総会では,法律に定められた事項のほか,会社の組織・運営・管理など株式会社に関する一切の事項を決議することができる(295条1項)。これは旧有限会社型である。ただし,取締役会を設置した会社の場合は,法律または定款で定められた会社の基本的重要事項についてだけ決議することができる(同条2項)。これが従来からある株式会社の本来の姿である。

### (1) 株主総会の招集

株主総会は取締役が招集する(296条3項)。決算期ごとに招集される

「定時総会」と必要に応じて招集される「臨時総会」がある。株主への招集通知は，株主総会の日の2週間前までに出さなければならない（299条1項）。ただし，株主全員の同意があれば招集手続を省略することができる（300条）。

### (2) 決議の種類

株主総会での決議は多数決の原則で決められる。決議には次の3種類がある。
① **普通決議** 総株主の議決権の過半数をもつ株主が出席し（定足数），その議決権の過半数で決議する（309条1項）。法律や定款で決議方法が定められていない事項について決議する場合には，普通決議によるのが原則である。
② **特別決議** 重要事項（309条2項に列挙）について，総株主の議決権の過半数（定款で3分の1まで軽減可）をもつ株主が出席し，その議決権の3分の2（定款で要件を加重可）以上で決議するものである（309条2項）。
③ **特殊決議** これは特別決議よりも決議要件が重い（309条3項4項）。たとえば，非公開会社が利益配当・残余財産分配・株主総会の議決権につき株主ごとに異なる取扱いをする旨を定款で定める場合には，「総株主の半数以上であって，総株主の議決権の4分の3以上」の賛成が必要になる。

### (3) 株主の議決権－その原則と例外

株主の権利の中でも重要なのが，議決権である。株主が総会に出席して議決権を行使するのが原則であるが，代理人による議決権の行使

(310条1項)や書面による行使(書面投票制)が認められる(298条2項)。会社の承諾を得て、ウェブサイトなどの電磁的方法によって議決権を行使することもできる(298条1項4号)。なお、他人のために株式を有する株主は、その有する株式の一部で反対し一部で賛成するというように、議決権を統一しないで行使することもできる(313条1項)。これを「議決権の不統一行使」という。

各株主は、原則として1株につき1個の議決権をもっている(308条1項)。これを「一株一議決権の原則」という。ただし、次のような例外がある。

① **議決権制限株式** 定款の定めにより、株主総会における議決権をまったく与えなかったり、制限したりすることもできる(108条1項3号)。

② **自己株式** 自己株式については議決権を有しない(308条2項)。会社が自ら議決権を行使できるとすれば、取締役ら経営者の保身のために利用するなど不正な決議が行われる危険があるからである。

③ **相互保有株式** たとえば、A社がB社の総株主の議決権の4分の1以上の株式をもっている場合には、B社は自社が保有するA社の株式について議決権を行使することはできない(308条1項)。A社の支配が及んでいるB社を通じて、不正な決議が行われる危険があるからである。

④ **単元未満株式** 会社の株主管理コスト上、単元株制度を定め、一単元に満たない単元未満株式には議決権を与えないこともできる(308条1項・188条1項)。

### (4) 株主提案権

株主は，取締役らが提案した議題や議案を決議するだけでなく，自らが議題を提案し，議案を提出することができる。これを株主提案権という。株主提案権は，議題提案権（303条）および議案提出権（304条・305条）に分けることができる。

#### ① 議題提案権

会社が招集する総会で一定の事項を議題とするよう請求する権利（たとえば「取締役選任の件」）のことである。取締役会設置会社では，少数株主権とされているが（303条2項），取締役会を設置しない会社では，単独株主権とされる（同条1項）。取締役会設置会社では，総会の日の8週間前までに請求しなければならない。ただし，定款でこれを下回る期間を定めることができる（同条2項）。

#### ② 議案提出権

株主総会の目的事項につき議案を提出できる権利である（たとえば「Xを取締役に選任する件」で，趣旨や理由も付記）。これを規定する意味は，その株主が提出しようとする議案の要領を株主に通知することを請求できる（305条1項）点にあり，その通知は提案を受け入れられるために有益である。これは取締役会設置の有無にかかわらず，総会の日の8週間前（定款でこれを下回る期間を定めることができる）までに請求しなければならない。なお，議案が法令・定款に違反する場合や以前の株主総会で同一議案について総株主の議決権の10％以上の賛成を得られなった日から3年を経過していない場合には，同一議案を提出することはできない

(同条4項)。

### (5) 株主総会の合理化

会社法では，株主総会について次のような合理化が図られた。

① **株主提案権の行使期限**　「総会の日の8週間まで」という株主提案権の行使期限を定款で短縮することができる（303条2項）。

② **招集地**　「本店所在地またはその隣接地」という株主総会の招集地に関する制限（旧商法233条）がなくなった。これは，総会が時期的に集中するため，開催地域を限定すると会場が不足するためである。ただし，特定株主の出席を困難にする意図があるような場合は，決議取消の問題が生じる余地がある。

③ **総会検査役**　会社法では，株主総会の適正を担保するために，株主総会が適正に運営されているかを調査する機関（総会検査役）の制度を充実させた（306条）。まず，総株主の議決権の1％以上をもつ株主だけでなく，会社も総会検査役の選任を裁判所に対して請求することができるようになる。さらに，裁判所は，総会検査役からの調査報告に基づいて，会社に対して総会を招集することや調査結果を総株主に通知することを命ずることができるようになる。

④ **投票方法の改正**　インターネットなどの電磁的方法による招集通知を承諾した株主に対しては，原則として議決権行使書面に記載するべき事項は，電磁的方法で提供すれば足り，議決権行使書面の交付は不要になる（299条3項・301条2項）。もっとも，株主から請求があるときは，議決権行使書面を交付しなければならない。

(6) 会社手続の効率化

平成13年の商法改正では，次のような会社手続のＩＴ化を認めた。
① **会社関係書類** 定款などの会社関係の書類をコンピュータにデータとして作成・保存できるようになった この場合，株主や会社債権者は，会社に対しその記録された情報を書面に出力するように請求することができる。
② **会社・株主間の通知等** 会社は株主の承諾があれば，株主総会の招集通知など会社と株主の間のやりとりを電子メールで行うことができるようになった。
③ **株主総会の議決** 株主の議決権行使を電子メールで行うことができるようになった。
④ **決算公告** 計算書類や事業報告書，それらの附属明細書を会社のホームページ上に掲載するなど，電磁的な方法で公開することができるようになった。

(7) 取締役会を設置しない会社の株主総会

譲渡制限会社でかつ取締役会を設置しない株式会社については，次のようにこれまでの有限会社の規律が適用される。
① **決議内容** これまで株主総会では，商法と定款に規定されている事項しか決議することはできなかったが，取締役会を設置しない会社について，会社法では，それ以外の事項も決議できるようになった（295条1項）。
② **招集通知** これまで株主総会の招集通知は，原則として会日の2週間前までに発しなければならず，例外的に譲渡制限会社では，定款で

1週間前までを限度として短縮することができるとしていた（旧商法232条1項）。会社法では，原則2週間前を維持した上でその例外について，公開会社以外は会日の1週間前までに発しなければならないとし，さらに例外的に定款でこれよりも短縮できるものとした（299条1項）。

③ **その他の改正**　取締役会を設置しない会社では，各株主は，議題提案権を単独株主権として行使することができる（303条1項）。

### (8) 株主総会決議の瑕疵

株主総会決議に瑕疵（不備や問題）があった場合に，株主はその決議を訴えによって覆すことができる。しかし，株主総会決議は会社のさまざまな行為の前提となるものであるから，これを一律に無効にしてしまうと，会社と法律関係に入った多くの関係者に影響を及ぼす。そこで，法律関係の安定を図る必要もあることから訴えの方法をいくつか用意し，瑕疵に応じた処理ができるようにしている。総会決議の瑕疵を訴える方法としては，①決議取消しの訴え，②決議不存在・無効確認の訴えがあり，それぞれ要件・効果が異なる。

#### ① 決議取消しの訴え

a 招集手続や決議の方法が法令・定款に違反していたり著しく不公正なとき，b 決議の内容が定款に違反しているとき，c 特別利害関係人の議決権行使の結果，著しく不当な決議がなされたときに，決議の取消しを求めて起こす訴えである（831条1項）。訴えを起こせる者は株主などに限られ，提訴期間も決議の日から3ヶ月となっている。決議取消し判決の効力は，訴えの当事者に限定されず第三者にも及ぶ（838条）。これ

を対世的効力といい，これによって多くの利害関係者について画一処理をする。総会決議は判決の確定によって無効となるが，それまでは有効に存在していたものとされる（形成訴訟）。

なお，裁判所は，決議取消しの訴えが提起された場合でも，その違反事実が重大でなく，かつ，決議の結果に影響をおよぼさないと認めるときは，請求を棄却することができる（831条2項）。これを裁量棄却という。たとえば，ごく僅かな招集通知漏れなどがあったような場合である。

### ② 決議不存在・無効確認の訴え

決議不存在確認の訴えは，株主総会が全く開催されていない場合か，一応開催されたが手続上の瑕疵が著しく決議があったとは評価できない場合に提起する訴えであり，これに対して決議無効確認の訴えは，決議の内容が法令に違反する場合（定款違反ではない）に提起する訴えである（830条）。この場合は瑕疵が重大であるので，誰でもいつでも訴えを提起できる。この判決の効力も第三者に及ぶ（838条）。

決議不存在・無効確認の訴えは，決議取消しの訴えと違って，決議が有効である余地がないため当然に無効で，訴えによらなくても不存在または無効を主張することができる。その意味で，形成訴訟と異なり確認訴訟であるとされる。いずれにせよ，確認判決を得ておく意味は大きい。

## ③ 取締役会

所有と経営の分離がとられている株式会社では，取締役が会社の経営を担う。取締役は株主総会で選任・解任される。これまで，取締役は会社の機関ではなく，取締役会という機関を構成するメンバーにすぎな

かったが，会社法は取締役会を設置しない株式会社を認めているので，その場合には，取締役は会社の機関（326条1項・348条）となることに留意すべきである。会社法では，取締役会を設置しない機関構成を基本型としている。

### (1) 取締役会の権限

取締役会は，業務執行の意思決定，取締役の職務の執行の監督，代表取締役の選定・解職をする（362条2項）。業務執行のうち日常的なものは代表取締役に委任して決定させることもできるが，重要財産の処分・譲受け，多額の借金，組織の改廃など重要な業務執行の決定を委任することはできない（362条4項）。代表取締役は，3ヶ月に1回以上，職務の執行の状況を取締役会に報告する義務がある（363条2項）。

### (2) 取締役会の招集

取締役会は，各取締役が招集するのが原則であるが（366条1項），法令・定款違反などがある場合には，株主や監査役も招集することができる（367条）。招集通知は，取締役会の日の1週間前までに各取締役に発しなければならないのが原則であるが（368条1項），取締役全員の同意でこれを省略することができる（同条2項）。

### (3) 取締役会の決議

取締役会の決議は，取締役の過半数が出席し，その過半数をもって行う（369条1項）。株主総会では代理人による議決権行使が認められるが（310条1項），取締役会ではこのようなことは定められていない。取締役は受任者であり，別人をもって代えることができない。また，特別利害

関係を有する取締役は議決権行使ができない(369条2項)。これも株主総会と異なる。取締役会については議事録が作成され、出席した取締役等は、これに署名または記名押印する（同条3項）。議事録は10年間、本店に保管され、閲覧に供される（371条1項）。

### (4) 取締役会での書面決議容認

これまでは、取締役の重い職責から取締役会の書面決議は認められなかった。そこで、取締役会の開催にあたり、取締役が一同に会する手間を省くため、遠隔地にいる取締役同士が、映像と音声の送受信により相互に通話することができるテレビ会議方式を用いたり、あるいは音声の送受信により同時に通話できる電話会議方式に依ったりしてきた。しかし、これらの方法では、取締役は必ずテレビや電話の受像機・受話器の前にいなければならない。国際化の時代にあって、時差のある海外駐在の取締役は出席しにくいだけでなく、多忙な取締役は出席できないという状況があった。

そこで、会社法では、取締役会の書面決議を認めることにした（370条）。これによれば、取締役会の決議事項は書面またはインターネットなどの電磁的方法によって持ち回り決議で決めることができる旨を、定款で定めることができる。ただし、取締役会の決議の目的である事項について、全取締役が同意し、かつ、業務監査権限をもつ監査役が設置されている場合には各監査役がとくに意見を述べることがない場合に限るとされる。

### (5) 取締役会の形骸化防止

書面決議は長所ばかりとも限らない。書面決議により形だけの取締役会となることも危惧されるため、代表取締役による取締役会への定期的

な業務執行状況の報告（3ヶ月に1回以上必要）については，書面決議によることはできず，取締役会に出席して決議をすることが必要とされている（372条2項）。

### (6) 特別取締役の決議制度（重要財産委員会の廃止）

#### ① 重要財産委員会の問題点

これは，会社の重要な財産の処分・譲受け，多額の借財などについての決議を行う機関で，平成14年の商法改正で導入された制度であった（旧商法特例法1条の3－1条の5）。本来，会社の重要な財産の処分などの決定は，取締役会の決定事項であるが，取締役が多数いる会社において，意思決定を迅速にする必要があるために認められた。その設置条件は，a 大会社またはみなし大会社（資本金額が1億円を超え，5億円未満で，かつ負債総額200億円未満の会社で，定款の定めにより大会社の特例の適用を受けることとした株式会社）であること，b 取締役の人数が10人以上であり，かつ，取締役の1人以上が社外取締役であることとされていた。しかし，これはあまり利用されず，さらに機動性を高めたいという要望があった。

#### ② 特別取締役（要件緩和）

そこで，重要財産委員会の制度は廃止され，あらたに取締役会の決議要件の特則が設けられた。つまり，重要な財産の処分・譲受け，多額の借財に関する取締役会決議については，取締役会があらかじめ選定した3人以上の「特別取締役」の決議によることができるとされた（373条1項）。

要件の緩和された特別取締役は，a 取締役会を設置した株式会社であること，b 取締役の数が6人以上であること，c 取締役のうち1人以上

が社外取締役であること，この条件を満たせば選定することができる。もっとも，委員会設置会社は，特別取締役を選定することはできない。

## ④ 取 締 役

### (1) 取締役の員数と選任

#### ① 取締役の員数

これまでは，すべての株式会社は取締役会を設置しなければならないとされていたため，取締役会という会議体を構成する最低限の員数である3人以上の取締役が必要とされていた（旧商法255条）。会社法では，取締役会を設置しない株式会社を認めているので，その場合の取締役の員数は1人でも足りることとなった（326条1項）。

#### ② 累積投票

複数の取締役を選任する場合は，1人ずつ選任決議をするため，多数派がすべての取締役を選出する結果が生まれる。そこで少数派株主を保護するため，一種の比例代表制として累積投票制度がある（324条）。これは次のような選出方法である。たとえば，5人選任する場合は，1株につき5票認め，各株主は議決権のすべてを1人に集中することができる。

### (2) 取締役の欠格事由

次の者は取締役になれない（331条1項）。
① 法人
② 成年被後見人（精神上の障害により判断能力を欠く者）または被保佐

人（精神上の障害により判断能力が著しく不十分な者）等
③　会社法や中間法人法に違反し，証券取引法等に定めた罪を犯し，刑に処せられ執行を終えた日または執行を受けなくなった日から2年を経過していない者
④　その他の法令に違反し，禁錮以上の刑に処せられ執行を終えていない，または執行を受けないことになっていない者

### (3) 取締役の任期

任期は，選任後2年以内に終了する事業年度のうち，最終のものに関する定時総会終結の時までとされる（332条1項）。その例外として，①定款または総会決議で任期を短縮することができ（同項但書），②委員会設置会社でもなく公開会社でない場合は，上記2年を10年に伸長することもできる（同条2項）。③委員会設置会社については，任期は1年とされる（同条3項）。

### (4) 取締役の義務と責任

取締役を含む役員と会社は委任の関係に立つ（330条）。取締役は，会社のオーナーである株主から経営を任されているため，とくに取締役がその大きな権限を濫用して，会社に損害を与えないようにする必要がある。

#### ①　善管注意義務・忠実義務

取締役は会社に対して善管注意義務を負う（民644条）。善管注意義務とは，その地位に応じて一般的に要求される程度の注意義務である。また，取締役は，法令，定款，株主総会の決議を遵守し，会社に対して忠

実に職務を行う義務を負う（355条）。これを忠実義務という。判例は善管注意義務と忠実義務は同質のものであると考えている。そして，忠実義務を具体化するものとして，競業および利益相反取引の制限がある（356条）。なお，忠実義務は，役員等の中でも取締役に独自の義務で，執行役・清算人に準用されるが（419条2項・482条4項），監査役・会計参与・会計監査人には忠実義務はない。

② 会社に対する責任

取締役を含む役員等が善管注意義務と忠実義務に違反し，会社に損害を与えた場合には，会社に対して損害賠償責任を負う（423条1項）。この責任は，総株主の同意がなければ免除されない（424条）。ただし，役員等が職務を行うのに善意で重過失がないときは，一部免除される場合がある（425条）。

取締役の経営活動を活発にするためには，常に損害賠償をもとめるだけではうまくいかない。企業経営においては，専門的かつ政策的な判断が要求される。そこで，経営の専門家である取締役の裁量を広く認め，結果として会社に損害を与えたとしても，取締役の事実認識に不注意がなく，それに基づく意思決定が経営者として不合理でない場合には，取締役は会社に対して責任を負わないとする考え方（経営判断の法則）が認められる。

③ 第三者に対する責任

会社法上の取締役の責任は，任務を負うべき会社に対するものだけであり，第三者に対しては，民法上の不法行為責任（民709条）は別として，会社法上，責任はないとも考えられる。しかし，取締役の任務違反が株

主や会社債権者といった会社以外の第三者に損害を与えることがある。そこで，会社法は，取締役に対して会社以外の第三者に対する特別の責任（これは不法行為責任とも異なる）を認める規定を設けている。取締役は，その職務執行について悪意または重過失によって第三者に損害を与えた場合には，その損害を賠償する責任を負う（429条1項）。この行為が，故意または過失によって他人の権利を侵害した場合に該当すれば，不法行為による責任も問われる。もちろん，いずれか一方によって損害が賠償されれば，他方は根拠を失うことはいうまでもない。

第三者が被る損害としては，たとえば取締役が不渡手形を渡した場合のように，取締役の行為から直接受ける損害（直接損害）のほか，取締役の行為からまず会社が損害を受け，その結果として第三者が間接的に損害を受ける場合（間接損害）が考えられる。たとえば，取締役の任務懈怠によって会社が倒産し，会社の債権者が債権を回収できなくなったというような場合が間接損害の例である。第三者を厚く保護するためには，直接損害だけでなく間接損害についても取締役の賠償責任を認めるべきであるということになる。

なお，名前だけの名目的取締役についても，他の取締役の不適正な業務執行を放置し，監視する義務を怠って損害を与えたと評価されれば損害賠償責任を負う。また，取締役でないのに取締役として登記され，それを放置していた場合（不実登記）や正規の取締役ではないが実質的な経営者といえる場合（事実上の取締役）も責任を負うことがある。

### ④ 監視義務・リスク管理体制構築義務

取締役は会社に対して善管注意義務・忠実義務を負うが，このことから派生して，取締役は監視義務とリスク管理体制構築義務を負う。監視

義務とは，他の取締役らの行為が法令・定款を遵守し，適法かつ適正に業務を行われているかどうかを監視し，違法・不当な業務執行を是正する義務のことである。会社法の規定では，取締役会設置会社では，取締役の職務執行の監督が取締役会の権限とされている（362条2項2号）。取締役の監視義務の範囲は，取締役会に上程された事項に限らず，取締役の業務執行一般に及ぶとされる。

リスク管理体制構築義務とは，健全経営のためにリスク管理体制（内部統制システム）を構築する義務のことである（362条4項6号）。これは，大会社である取締役会設置会社に義務づけられた（同条5項）。内部統制とは，会社が日常業務を行う上で生じるトラブル発生の可能性を考え，発生した場合の影響を最小限にするために構築された仕組みであり，その必要性は大会社に限ったものでもなく，義務化されていない中小会社についても有益なシステムである。

### (5) 取締役の権限濫用の防止

取締役は，大きな権限をもっているので，その権限を濫用して会社に損害を与える危険がある。そこで，会社の利益を守るため，取締役の職務執行を規制する必要がある。会社法では，とくに利益相反の大きいものとして，競業取引，利益相反取引，および取締役の報酬について規制をしている。

#### ① 競業避止義務

取締役が，自己または第三者のために会社の営業の部類に属する取引をするには，株主総会の承認を得なければならない（356条1項1号）。これを競業避止義務という。取締役は会社の経営者であるから，取締役

が会社の競争相手となれば，会社の取引先を奪うなど会社の利益を害する危険性が大きいといえる。そこで，会社法は，取締役が競業取引を行う場合には，株主総会（取締役会設置会社の場合は取締役会）でその重要な事実を開示し，承認を受けることを要求している。

　取締役がこの規定に違反して競業取引を行った場合には，その取引によって自己または第三者が得た利益を会社の損害と推定して，取締役はそれを賠償する責任を負う（423条1項2項）。この規定に違反した取引は，相手方の善意・悪意を問わず有効である。会社との関係では取締役と第三者との取引であり，また無効とすることで会社が利益を得ることにもならないからである。取締役は，会社の受けた損害額が自己または第三者が受けた利益と異なることを証明できなければ，その損害額をそのまま賠償しなければならない（同条2項）。

### ② 利益相反取引

　取締役と会社との間で利益が相反するおそれのある取引を利益相反取引という（356条1項2号3号）。会社法上，取締役が自己または第三者のために会社と取引しようとするとき，あるいは会社が取締役の債務を保証することやその他取締役以外の者との間において会社と取締役との利益が相反する取引をしようとするときがこれにあたる。

　取締役が自ら当事者として，または第三者の代理人として会社と取引する場合などには，その取締役が自ら会社を代表する場合はもちろん，他の取締役が代表する場合であっても会社の利益を害する危険がある。そこで，会社法はそのような取引については事前に株主総会（取締役会設置会社の場合は取締役会）でその重要な事実を開示し承認を受けることを要求している。

取締役が，利益相反取引を行い，会社に損害が生じた場合には，その取引を行った取締役だけでなく，会社がその取引をすることを決定した取締役や取締役会の承認決議に賛成した取締役も任務を怠ったものと推定され（423条3項3号），損害賠償責任を負うことになる。取締役は，たとえ株主総会（取締役会設置会社の場合は取締役会）の承認があったとしても，利益相反取引によって会社に損害が生じた場合には，過失がなかったことを証明できなければ，過失ありとされ損害賠償責任を負うことになる。

### ③　責任の免除

　取締役の会社に対する損害賠償責任は，総株主の同意によって免除することもできるが，株主総会の決議で責任の一部免除をすることもできる（424条・425条）。責任の一部免除（軽減）には，3つのタイプがある。a 総会決議による事後の軽減（425条1項）による場合は，賠償責任額から最低責任限度額（たとえば，取締役の職務執行の対価4年分等）を控除した額を限度にして免除する。これには，監査役全員の同意を要する（同条3項）。b とくに必要と認められたときに，定款で取締役会決議による軽減を行える旨を定めた場合（426条1項），c 取締役には適用がないが，社外取締役・会計参与・社外監査役・会計監査人について，定款で定めた額の範囲内での責任限定契約による事前軽減がある（427条1項）。

### ④　取締役の報酬とその決定方法

　取締役と会社との関係は委任関係であるため，民法の原則では無償である（民648条1項）。しかし，営利を目的とする会社の経営を担う取締役には，報酬が支払われるべきである。そこで，取締役は，反対の意思の

明示がない限り，抽象的には会社に対して報酬を請求できることになるが，具体的な報酬請求権は，総会決議によって発生すると解されている。

報酬額の決定は，業務執行の1つであり，取締役または取締役会によって決定されるべきとも考えられる。しかし，これを取締役の権限にしてしまうと，不当に高額の報酬が決定される危険があり，会社（株主）の利益を損なう危険がある。そこで，会社法は，取締役の報酬の額や算定方法につき，株主総会で決めることとしており，賞与についても同様である（361条1項）。規定上は，「職務執行の対価として受ける財産上の利益」を「報酬等」として，報酬と賞与を挙げているが，退職慰労金も「報酬等」に含まれると解される。

## (6) 取締役の責任とその緩和策

### ① 旧商法での会社に対する責任

取締役が，その義務に違反したことによって会社に損害を与えた場合は，会社に対して損害賠償責任を負う。これまで取締役は，次の場合に会社に対して損害賠償責任を負うとされていた（旧商法266条）。しかもa～dの責任は，無過失責任とされ（eは過失責任），a～eの責任ごとに賠償額が法定されていた。

a **違法な配当・中間配当**　配当可能な利益がないのに配当をしたような場合である。違法に配当・分配した額が賠償額とされている。
b **株主の権利行使に関する違法な利益供与**　たとえば，総会屋への資金提供である。供与した利益額が賠償額とされている。
c **取締役への金銭の貸付**　利益相反取引の中で，取締役に対する金銭の貸付についての特則を定めたものである。未弁済額が賠償額とされている。

d **利益相反取引** 取締役から会社に対する財産の売却（直接取引）あるいは、取締役個人の債務について、会社が連帯保証を行う場合（間接取引）などがある。会社の損害額が賠償額とされている。

e **法令・定款違反行為** 一般的に法令や定款に規定していることに違反して会社に損害を与えた場合である。監視義務違反など取締役の任務を怠ること一般が含まれる。会社の損害額が賠償額とされる。

② これまでの制度の問題点

これには、次のような問題点があった。まず損害賠償額の高額化である。取締役個人にとっては、賠償が不可能なほど高額な賠償責任を負わされる裁判例が現れ、取締役に就任することを躊躇する傾向がみられた。次に、責任の一部免除の制度導入による問題がある。賠償額の高額化を抑制するため、平成13年の改正により、取締役の会社に対する責任を一部免除する制度が導入されたが、会社役員賠償保険をかけることで、責任をすべて免れる結果となる場合もあり、取締役の責任追及が骨抜きになってしまうという問題もあった。

さらには、委員会等設置会社の導入に伴う責任の不均衡が問題化した。すなわち、大会社での経営の合理化と業務執行に対する監督機能の強化のために、平成14年改正により委員会等設置会社の制度が導入された。委員会等設置会社では、取締役会は業務執行については基本的事項だけを決定し、多くの権限は執行役に委譲して、その監督をすることがおもな役割となる。これに伴い、取締役の責任が軽減され、株主への利益供与を除いては過失責任とされた。このため、通常の株式会社の取締役の責任の多くが無過失責任となっていることとのアンバランスが生じた。

以上のような問題を解消するため、会社法は、取締役の責任の性質、

責任免除制度などについて,以下のように責任の緩和をはかっている。

### ③ 取締役の責任の緩和

その柱は,無過失責任の見直しである。これまでの取締役の会社に対する責任(違法配当・違法中間配当,株主の権利行使に対する違法な利益供与,取締役への金銭の貸付,利益相反取引,法令・定款違反行為)のうち,法令・定款違反行為以外は無過失責任とされてきた。会社法は,取締役は,「任務を怠ったとき」に会社に生じた損害を賠償する責任を負うとし,過失責任を原則とすることを明らかにした(423条1項)。ただし,次のような定めも置かれている。

#### a 過失推定規定

取締役が会社と利益相反する取引をした結果,会社に損害が生じたときは,取締役の過失(任務懈怠)が推定される(423条3項)。この場合,利益相反取引をした取締役自身はもちろん,取引を決定した会社の取締役や取締役会の承認決議に賛成した取締役(議事録に異議をとどめなかった取締役も含む)にも過失が推定される。したがって,取締役は,過失がなかったことを証明できなければ,会社に対して損害賠償責任を負うことになる。なお,利益相反取引のうち,取締役が自己のために会社と取引をした場合(直接取引)には,利益相反取引をした取締役自身は,無過失責任を負うことになる(428条1項)。

#### b 競業避止義務違反の場合の損害額の推定

取締役が,競業避止義務に違反して,競業取引を行った場合には,その取引により取締役が得た利益の額は,会社に生じた損害の額と推定される(423条2項)。そのため,取締役は,会社に生じた損害が競業取引によって得た利益と異なることを証明できなければ,その利益額をそのま

ま会社に賠償しなければならない。

　会社法での取締役の責任免除制度は，ほぼ従来どおりとなっている（424条以下）。すなわち，総株主の同意がある場合には，取締役の会社に対する責任を免除することができる。また，責任の一部免除も従来どおりで，取締役が職務を行うについて善意かつ無重過失のときは，株主総会の特別決議（出席株主の議決権の3分の2以上の多数決議）により，賠償額から次に示す一定の額の合計額を控除した額を限度として取締役の会社に対する責任を免除することができる。すなわち，取締役が在職中に会社から受ける報酬などの6年分（代表取締役の場合），4年分（普通の取締役の場合），2年分（社外取締役の場合），および取締役が新株予約権を引き受けた場合のその利益に相当する額の合計額である。

　取締役の会社に対する責任の一部免除を取締役・取締役会の決議によることができることを定款で定めることもでき，また会社は，社外取締役との間で社外取締役の責任を限定する契約をすることができる旨を定款に定めることもできる。これらの点も従来どおりである。

### (7)　株主代表訴訟（責任追及等の訴え）

　株主代表訴訟（847条）は，株主が会社に代わって，取締役などの責任を追及する訴えである。会社法では，「責任追及等の訴え」という。本来，取締役が権限を濫用したり，違法行為をした場合には，他の取締役が会社を代表して責任を追及すべきであるが，同じ仲間同士ではそれほど期待できない。そこで，株主（会社）の利益を守るため，株主に取締役の責任を追及する手段を認めた。

## ① 株主代表訴訟ができる場合

取締役は，会社に対して，善管注意義務・忠実義務を負う。そして，違法配当，利益供与，競業取引，利益相反取引などについて責任を負う。株主代表訴訟を起こすには，まず，取締役が，これらの責任に反して会社に損害を与えた場合であることが必要である。次に，株主代表訴訟を起こすには，6ヶ月前から引き続き株式をもっている株主が，取締役に対して訴えを起こすように会社に書面などで請求することが必要である（この期間は定款で短縮することもできる。なお，譲渡制限会社ではこの期間の制限はない）。

その後，請求の日から60日以内に訴えが提起されない場合にはじめて，株主は株主代表訴訟を提起することができる。なお，会社に回復することができない損害が発生するおそれがある場合には，この期間の経過を待たずに訴えを提起することができる（847条）。

## ② 株主代表訴訟の効果

株主代表訴訟は会社のための訴えなので，判決の効果は，勝訴・敗訴ともに会社に及ぶ。また，勝訴をしても訴えた株主は，自己に賠償するように請求することはできず，会社へ賠償するように請求できるにすぎない。

## ③ 旧商法での株主代表訴訟の問題点

これまでの株主代表訴訟制度には，次のような問題点があることが指摘されていた。まず，取締役の賠償額の高額化である。この点については，責任額そのものに合理的歯止めをかける工夫がなされている。次に，株主代表訴訟制度の濫用があげられる。総会屋などが経営陣を威嚇する

手段として，この制度を濫用する事例もある。やがて会社に紛争が生じることを予想して株主となり，6ヶ月が経過するのを待ってから訴訟を起こすというやり方である。総会屋などが代表訴訟の提起を武器に，経営陣に利益を要求する事件も起こる。このような濫用の事例があることから，たとえば原告適格の見直しなどが必要とされてきた。

さらには，制度の不備を悪用した責任逃れがある。完全親子会社（親会社が子会社の株式を100％保有する企業結合）の関係を作り出すための株式交換・株式移転の制度を濫用して，取締役が代表訴訟による責任追及から免れようとする事例があらわれた。たとえば，Y社の株主が取締役の責任を追及していたところ，Y社が株式交換によりX社の完全子会社になったため，責任追及中の株主はX社の株主になってしまい，Y社の株主でなくなるため，訴訟を追行できなくなるということが起きた。そこで会社法は，次のような改正をした。

### ④　会社法による代表訴訟の合理化

#### a　原告適格の見直し

株主は，自己や第三者の不正な利益を図る目的，あるいは会社に加害する目的がある場合には，株主代表訴訟を提起できないものとされた（847条1項但書）。

#### b　不提訴理由の通知

代表訴訟の原告適格を制限した反面，株主が訴え提起の請求をしたにもかかわらず，会社が取締役らを相手方として訴えを提起しない場合には，直ちに，株主に対しその理由につき書面などで通知しなければならないものとした（同条4項）。

### c　株主でなくなった者の原告適格の承認

　完全子会社となる会社につき，係属中の株主代表訴訟の原告が，株式交換・株式移転により完全子会社となる会社の株主としての地位を失っても，当該株式交換・株式移転により完全親会社となる会社の株主となるときは，原告適格を失わないとされた。また，合併の消滅会社につき係属中の株主代表訴訟の原告が，合併により消滅会社の株主としての地位を失う場合であっても，当該合併により存続会社などの株主となるときは，原告適格を失わないものとされた（851条1項）。

### (8)　取締役の任期伸長と解任

#### ①　これまでの取締役の任期

　従来の取締役の任期は，次のようになっていた。すなわち，原則として2年を超えることはできないこと，最初の取締役については，1年を超えられないこと，ただし，定款で，任期中の最終の決算期に関する定時総会の終結に至るまで任期を伸長することはできる。委員会等設置会社の取締役については，就任後1年以内の最終の決算期に関する定時総会の終結のときまでを任期とする。

　これには実務上の問題があった。譲渡制限会社では，会社のオーナーである株主自らが取締役となっている場合が多いので，株主による取締役のチェックという必要性がほとんどない。むしろ，取締役の氏名をそのたびに商業登記簿に登記し直すのは非効率的といえる。

#### ②　会社法による取締役の任期

　会社法は，株主による取締役のチェックの必要性の大きさにあわせて，次のような規制をしている。

a 取締役の任期の原則

委員会設置会社以外の会社の取締役の任期は，原則として，選任後2年以内の最終の決算期に関する定時総会の終結の時までである。もっとも，定款でこれより短くすることはできる（332条1項）。なお，従来，設立後最初の取締役の任期は最長1年とされていた（旧商法256条2項）が，その規定は廃止された。

b 譲渡制限会社の取締役の任期

委員会設置会社を除く譲渡制限会社の取締役の任期は，定款で最長，選任後10年以内の最終の決算期に関する定時総会の終結の時までに伸長することができる（332条2項）。これによって，手間と費用を節約できるが，10年間という長い任期のため，取締役の解任が困難になるという問題などがある。

c 委員会設置会社の取締役の任期

これまでと同様，選任後1年以内の最終の決算期に関する定時総会の終結の時までである（332条3項）。

③ 取締役解任の容易化

会社の経営は取締役にまかされている（所有と経営の分離）ため，取締役の権限の逸脱・濫用によって会社（株主）の利益が損なわれる危険がある。そこで，これを防止するため，取締役の解任が有効な手段となる。会社の実質的所有者である株主が，取締役の解任権を行使することで，会社の主役の座を守るため，会社法では，これまでの特別決議から普通決議に変更された（339条1項・309条2項7号参照）。なお，累積投票によって選任された取締役（342条3項-5項）の解任は，特別決議による（309条2項7号）。

2 会社の機関（運営システム）

　従来，取締役を解任するには，株主総会の特別決議（総株主の議決権の過半数を持つ株主が出席し，その議決権の3分の2以上の多数決議）が必要であった（旧商法257条1項2項）。会社法は，これを普通決議（議決権を行使できる株主の議決権の過半数を持つ株主が出席し，その議決権の過半数の決議）で足りるものとし，株主による取締役へのチェック機能を強化した。なお，この解任決議要件は定款で少なくすることもできるが，定足数については議決権の3分の1未満にすることはできない（341条）。

　解任請求の訴え制度も重要である。株主総会は多数決の原則に従って決議されるため，取締役の不正も多数決で見逃される危険がある。そこで取締役の職務執行に関して不正行為や法令・定款に違反する重大な事実があったにもかかわらず，株主総会で取締役解任の議案が否決されたときには，少数株主権として取締役の解任の訴えをすることが認められている（854条1項）。これは，原則として，6ヶ月前から発行済株式の3％以上（株主一人でこの要件を満たす必要はない）をもっていれば行使できる。

## ⑤ 代表取締役

　代表取締役は，会社の業務を執行し，会社を代表する機関である。これまで，代表取締役は，株式会社に必ず設置しなければならない機関であった（旧商法261条1項）が，会社法では，代表取締役の設置は任意となった（ただし，取締役会設置会社では必要的機関。362条3項）。代表取締役の選定は，取締役会の権限と規定されるが（362条2項3号），取締役会設置会社でも株主総会の権限となしうるかについては議論がある。代表取締役は取締役会決議で解職される。なお，委員会設置会社では，代表

執行役が置かれる（420条1項）ため代表取締役は置くことができない。

### (1) 代表権の制限

代表取締役は，会社を代表する。この代表権を株主総会や取締役会の決議によって内部的に制限したとしても，善意の第三者に内部的制限を主張することはできない（349条5項）。取引の相手方は代表取締役に会社を代表する一切の権限があると信頼して取引を行っており，その相手方に代表権の制限を主張できるとなると，相手方に不測の損害を被らせるおそれがあるためである。なお，代表取締役が職務を行うことで第三者に損害を与えた場合には，会社は損害を賠償する責任を負う（350条）。

### (2) 代表権の濫用

代表取締役が自分や第三者の経済的な利益を図る目的で代表権を行使した場合（代表権の濫用）には，相手方が代表権の濫用を知り，または知らないことについて過失があった場合には，代表行為は無効であるとしているが，善意の相手方は保護される。

### (3) 必要な決議に基づかない行為

代表取締役が取締役会や株主総会の決議に基づかないで行為をした場合，その効力はどうなるのか。総会決議を欠く場合と取締役会決議を欠く場合とで，区別すべきかどうか。これは，代表取締役の行為を無効とすることで守られる会社の利益に対し，善意の第三者の利益が対立する場面であり，両者を比較して判断すべき問題である。所要の手続を経なかったのは，当該会社の代表取締役であるため，会社の不利益も覚悟して会社の取引相手を保護する必要もあり，この利害調整をどうするかが

問われる。

　株主総会の決議事項は会社にとって重大であるから、総会決議を欠く代表取締役の行為は、基本的には無効の方向で考えるべきであるが、他方、取引安全の要請が強い募集株式の有利発行のような場合は、総会決議を欠いても無効とすべきでない。取締役会決議を欠く場合についても同様に、取引安全の要請の強さでバランスよく判断されるべきである。

### (4) 表見代表取締役

　これは、代表権がないのに代表者であるかのような名称のついている取締役（使用人も含む）である。このような者のした行為は、代表権がない以上その法的効果は会社には帰属しないのが原則である。しかし、それでは、この者に代表権があると信じて取引をした第三者は不測の損害を被ることになりかねない。そこで、会社法は表見代表取締役という制度を設け、その者に代表権がなかったとしても、代表権があると信じてその者と取引をした第三者に対して会社は責任を負うこととした（354条）。なお、第三者に重過失がある場合は、保護されないと解されている。

#### ① 表見代表取締役の成立要件

　まず、a取締役に社長、副社長など、株式会社を代表する権限をもつものと認められる名称がつけられていることが必要である。これがなければ、そもそも第三者が信頼するということがないからである。次に、bこの名称の使用を会社が明示または黙示的に認めていること（帰責事由）が必要である。このような事情があるからこそ、会社に責任を認めることができる。行為者が勝手に代表者であるかのような名称を使っているような場合は、会社の責任は生じない。そして、c表見代表取締役

と取引をした第三者がその者に代表権がないことを知らないことが必要である。もっとも，代表権がないことを知らないことについて重大な過失がある場合には，第三者は保護されない。正当な信頼は保護されるべきであるが，重過失がある者を保護する必要はないからである。

② **類推適用の範囲**

この制度が適用される典型例は，取締役の行為を前提としているのであろうが，取締役でなくとも，会社と雇用関係あるいはそれに準じた関係にある使用人の場合でも表見代表取締役と同様に扱われ，会社が責任を負うことがある。取締役選任決議や代表取締役選任決議が無効となった場合に，事実上取締役として行動していた者についても同じである。これは外観を信頼した者を保護する制度であるから，取締役の行為に限定すべきではないが，会社の使用人でもない者にまで拡大解釈できるかどうかは明確でない。

## 6 委員会設置会社

### (1) 委員会設置会社とは

すべて株式会社は，定款の定めによって委員会設置会社となることができる（326条2項）。委員会設置会社には，取締役会と会計監査人を置かなければならない（327条1項3号・5項）。そこでの取締役会の役割は，基本事項の決定と監督機能が中心となる。取締役は原則として業務執行はしない。委員会設置会社は，業務執行を担う執行役とそれを監督する委員会に分かれている株式会社で，執行役と指名委員会・監査委員会・報酬委員会の三委員会が置かれる（2条12号・402条1項）。これは，企業

の不祥事を背景に経営者に対する監視を強化する目的で作られた制度である。執行役も三委員会の構成員も，ともに取締役会によって選定される（400条2項・402条2項）。会社を代表するのも代表執行役である。これまでこの制度は，大会社および旧商法に存在したみなし大会社にしか認められなかったが，会社法ではそのような制限はなくなった。なお，これまで委員会等設置会社と呼ばれたが，「等」が削除されたのは，重要財産委員会の制度が廃止され，「特別取締役」になったことによる。

### (2) 執行役の権限と責任

取締役会が会社経営の基本事項を決定し，執行役はそれに基づいて業務を執行する（418条）。また，取締役会は執行役の中から代表執行役を選任する（420条）。委員会設置会社では，代表執行役が会社を代表する機関となるので，代表取締役は設置できない。執行役は，会社に著しい損害を及ぼすおそれがある事実を発見したときは，監査委員に報告する義務がある（419条1項）。監査役（会）は置かれない（327条4項）。また，執行役は，会社に対して，競業避止義務を負い，利益相反取引を禁じられている（419条2項）。

### (3) 三委員会の義務と権限

指名委員会・監査委員会・報酬委員会の各委員会は3名以上の取締役で構成され，その過半数は「社外取締役」（過去・現在において，その会社または子会社の取締役や執行役でない者）でなければならない（2条15号・400条3項）。各委員会は，職務執行についての費用の前払いや支出した費用，負担した債務の弁済を会社に請求できる（404条4項）。

監査委員会の委員は，取締役らの職務につき報告を求め，調査をする

ことができ，違法行為の差止めを請求できる（405条・407条）。取締役ら に不正行為がある場合には，取締役会に報告する義務がある（406条）。

## ⑦ 監査役

これは，取締役ら経営者の職務執行を監査する機関である。合議体の取締役会と違って，監査という職責から独任制であることが求められるから，取締役と異なって，常に単独で機関とされる。取締役会も取締役の業務執行を監督する機関ではあるが，仲間意識から十分なチェックが期待できない。そこで，会社法は監査役という監督専門機関を設け，取締役の職務執行を監査させることにしている。

### (1) 監査役の資格

監査役にも取締役の欠格事由と同様の欠格事由がある（335条1項）。また，監査役は会社やその子会社の取締役や執行役，支配人などを兼ねることはできない（同条2項）。

### (2) 監査役の任期

選任後4年以内に終了する事業年度のうち，最終のものに関する定時総会終結の時までとされる（336条1項）。ただし，譲渡制限会社については，定款で4年を10年まで伸長することができる（同条2項）。

### (3) 監査役の権限

会社の財産状況を監査する「会計監査」と取締役らの業務執行を監査する「業務監査」とに分けられる。監査役の権限・義務には，次のもの

がある (381条以下・436条以下)。

### a 事業報告請求権・業務財産状況調査権

監査役は，取締役や支配人その他の使用人に対し事業の報告を求め，会社の業務・財産の状況を調査することができる(381条2項)。子会社に対しても報告を要求し，その業務・財産を調査できる（同条3項）。

### b 取締役会に関する権限・義務

監査役は，必要があると認めるときは，取締役会に出席し意見を述べなければならず，取締役に対して取締役会の招集を請求することもできる（383条）。

### c 株主総会に関する権限・義務

監査役は，取締役会が株主総会に提出する議案・書類に法令定款に違反しまたは著しく不当な事項がある場合には，株主総会で報告する義務がある（384条）。取締役の職務遂行について不正の行為，重大な違法事実を発見した場合には，監査報告書にそれを記載する必要がある。

### d その他

監査役には，取締役の違法行為差止請求権がある（385条）。また，会社と取締役との間の訴訟について，監査役は会社を代表する(386条1項)。

## (4) 監査役制度の合理化

### ① 業務監査と会計監査

これまでは，小会社では監査役の権限は会計監査だけしかなく（旧商法特例法22条・25条），それ以外の会社では，監査役は会計監査だけでなく，業務監査の権限ももつとされていた（旧商法274条1項）。しかし，会社の規模の大小によって，監査役の権限の範囲を一律に決めてしまうのは妥当ではなく，小規模の会社でも，監査役によって会社の健全性に力

を注ぐというのであれば，これを禁止する理由はない。そこで会社法では，監査役は原則として，会計監査権限だけでなく，業務監査権限をももつこととされた。

### ② 定款の定めによる監査権限の限定

会社法は，監査役会設置会社や会計監査人設置会社以外の譲渡制限会社では，定款の定めにより，監査役の権限を会計監査に限定することができるものとした（389条1項）。これによって，監査役の権限を会計監査だけでなく，業務監査にも及ぶことを原則としつつも，会社の実情に応じた監査体制を選択することができる。

### ③ 補欠監査役

これまでは，株式会社では監査役の設置は必須であり，とくに大会社では監査役会の設置が義務づけられ（旧商法特例法18条の2第1項），社外監査役も含めて3人の監査役を置かなければならなかった（同18条1項）。しかし，任期途中で病気等のために監査役が欠けた場合について，法律は特に規定を置いていなかった。そのため，大会社では社外監査役に欠員が生じた場合に，手続上，かなりの支障が生じていたため，あらかじめ補欠監査役を選任（予選）することができる制度を整えた。なお，取締役についても補欠取締役を予選することが可能となった（329条2項）。

## 8 会計参与制度の新設

### (1) 会計参与とは

会計参与は，取締役や執行役と「共同して」計算書類などを作成し

(374条1項)、株主総会での説明をする職務を担う(314条)機関であり役員でもある。これまで、中小企業では、税理士が計算書類などを作成し、監査役を兼ねていることも少なくなかった。会社法は、これを制度化することにより、中小企業での計算書類の正確性を確保するため、会計参与制度を新設した。これによって会社の信用力も高まり、たとえば融資を受ける場合にも有利となることが期待できる。

### (2) 会計参与の選任・資格

会計参与も取締役や監査役と同様、株主総会の決議によって選任される(329条1項)。会計参与は、その専門性から誰でもなれるわけではない。公認会計士(監査法人も含む)、あるいは税理士(税理士法人も含む)でなければならない(333条1項)。また、監査役の場合と同様、会社やその子会社の取締役、執行役、監査役などとの兼任はできない(同条3項1号)。

### (3) 会計参与の任期・報酬

会計参与の任期は、取締役の場合と同様、原則2年であるが、定款の定めによって短縮することもできる。譲渡制限会社では定款で最長10年まで伸長でき、委員会設置会社では1年となる(334条1項)。

会計参与の報酬は、監査役の場合と同様である。その額について定款に定めがなければ、株主総会で決定する(379条1項)。会計参与が複数いる場合において、個々の会計参与の報酬が定款・株主総会の決議で決まっていないときは、その報酬総額の範囲内で会計参与の協議によって各報酬額を決める(同条2項)。

(4) 会計参与の権限

　監査役の権限とほぼ同じである（374条以下）。会計帳簿のチェックや計算書類の作成，取締役の不正等の株主への報告，株主総会での意見陳述，取締役会への出席などを行う。また，職務執行につき費用等を支出した場合には，それを会社に請求できる。会社と委任関係に立ち善管注意義務を負う（330条，民644条）。

　会計参与は，取締役等と共同して職務を行うため，取締役等と計算書類等の作成にあたり意見が一致しない場合には，会計参与を辞任するか，それとも株主総会で意見を陳述するか（377条）を選択することになる。また，会計参与は計算書類等を5年間備え置き，株主や債権者の閲覧等請求に応じなければならない（378条1項2項）。

## ⑨　会社法における会計監査人制度

### (1) 会計監査人の任意設置の範囲

　これまで，会計監査人は①大会社では設置が強制され，②中会社（資本金額1億円超，5億円未満で負債総額200億円未満の会社）では任意設置で，③小会社では設置が認められないこととされていた。そして中会社については，大会社の特例を受けることを定款で定めれば，大会社とみなすこと（みなし大会社）とされていた。

　しかし小会社でも，円滑な資金調達を図るなどの目的から外部の会計専門家による監査を受けることによって，自社の計算書類の適正さを確保したいというニーズがあった。そこで会社法は，小会社についても会計監査人を任意設置できることとした。これにより，大会社以外の株式

会社は，定款で会計監査人の設置を定めることができるものとされたため，中・小会社の区分けの意味がなくなり，「みなし大会社」の制度は廃止された。大会社および委員会設置会社では，会計監査人の設置が義務づけられる（327条5項・328条2項）。

### (2) 会計監査人の資格と欠格事由

会計監査人は，株主総会で選任され（329条1項），その資格は公認会計士または監査法人でなければならない（337条1項）。公認会計士法の規定により株式会社の監査をすることができない者は，会計監査人になれない（337条3項1号）。

### (3) 会計監査人の権限

会計監査人は，計算書類などを監査し，会計監査報告を作成する（396条1項）。

### (4) 会計監査人の報酬

これまで，会計監査人の報酬は，代表取締役などの経営陣が会計監査人との交渉で決めていたが，会社法では，監査役・監査役会，または監査委員会に，会計監査人の報酬の決定に関する同意権限が与えられた（399条）。

### (5) 会計監査人の会社に対する責任

これまで，会計監査人の会社に対する責任は，株主代表訴訟（責任追及の訴え）の対象とされていなかったが，外部監査の重要性が認識され株主代表訴訟の対象とされることになった（847条1項）。なお，責任の

一部免除については社外取締役の場合と同様である。

## ⑩ コンプライアンス

　コンプライアンスとは，会社経営における法令遵守のことである。法律を守って行動すべきであるのはいうまでもないが，粉飾決算や贈収賄，総会屋への利益供与など，企業の不祥事は後を絶たない。法令を遵守しない不健全な企業は，社会的信頼を得ることができなくなり，企業を取り巻く多くの関係者に大きな損害を与えかねない。コンプライアンスは国際競争力を維持・強化する上でも重要である。

　コンプライアンスの具体化と見られる定めは，これまでの説明で明らかなように会社法の随所にみられた。たとえば，大会社における内部統制システム構築が義務化され，ディスクロージャー（情報開示）によって円滑な取引と適正な経営を可能にし，また，違法な行為を無効とすることで関係者の利益を守っている。さらに，役員に対する損害賠償責任の追及や罰則の適用によっても，権限の濫用行為を抑制しようとしている。コンプライアンス経営は，すべての企業について最も重要な要請ということができ，その実現に向けて会社運営システムのあり方が工夫されてきた。

## *3* 株式とは何か

### 1 株式と株券は別もの

#### (1) 株式と株主

　株式は，株式会社の社員（出資者）としての地位である。この地位をもつ者が株主である。株主は会社に対して社員としての権利（株主権）を有する。この社員の地位である株式は，①多数人から出資を募れるように，また，②株主と会社との法律関係を処理しやすくするために，細かく均等な単位に分けられる。それぞれの株主は持株数に応じた権利（割合的地位）を有する。

#### (2) 株式の増減とその影響

　株式の増減が及ぼす影響は，2つある。①株主数の増減という側面がある。新しい株主を募集して新株を発行した場合，新株を引き受けた者は新たに株主となり，株主数が増えることになる。それによって，既存株主の会社に対する影響力にも変化が生じる。②会社財産の増減という面もある。資金調達のために新株を発行する場合，新株を引き受けた者

は，会社に金銭などを出資することになるため，会社財産が増える。

ただし，株式の増減が，いつも株主数の増減や会社財産の増減をきたすとは限らず，たとえば株式分割や株式併合の場合とか，既存株主だけに無償で新株を割り当てた場合などには，ともに株主数も会社財産も変化しない。

### (3) 株式譲渡自由の原則

株主は有限責任しか負わず，会社財産が会社債権者にとって唯一の担保であるので，会社債権者を保護するため，株主が出資者としての地位から退きたい場合に，会社から出資金を返還してもらうことは認められない（出資の払戻し禁止）。そこで，株主が会社への投下資本を回収できるように，株式譲渡が原則として自由であることが要請される。これが「株式譲渡自由の原則」と呼ばれる（127条）。

しかし，株式譲渡によって，見知らぬ者が株主となるのは困るという会社（閉鎖会社）は，定款によって株式の譲渡を制限することができる（107条1項1号・108条1項4号）。わが国のほとんどの会社はこのような閉鎖的な会社である。

会社法による制限は，「譲渡による取得」につき会社の承認を要するとなっており（2条17号），会社との関係で譲渡制限が問題とされるだけで，譲渡当事者間では有効である。会社の承認機関は，取締役会設置会社では取締役会であり，取締役会非設置会社では株主総会であるのが原則とされ，定款で別段の定めをすることもできる（139条1項）。したがって，代表取締役を承認機関とすることも認められ，これをめぐる従来の議論は解消した。

### (4) 株券とは

　株券は，株式会社の社員としての地位を表す有価証券である。証券化することにより，無形の株主権が証券という目に見えるものになる。これによって，株主権の譲渡を動産の譲渡と同じように行うことが可能となり，株式を譲渡したい場合には，相手方に証券を引き渡せばよい（128条1項）。このように株券には，株式の流通性を高めるという機能がある。

### (5) 善意取得とは

　株式を証券化することによって，盗難・紛失などの危険も伴うので，取引の安全を保護するため，善意取得の制度が認められる。株券の所持人は，適法に株式についての権利を有しているものと推定される（131条1項）。そこで，株券の譲受人は，その譲渡人が拾得者など真の株主でなかったとしても，その事実につき善意で重過失がなければ，株式を取得し株主となることができるとした(131条2項)。これが善意取得制度である。

### (6) 株券の不発行

　株券を発行すると，管理コストもかかり，紛失や盗難などにより善意取得される危険もある。そこで会社法では，株券は，定款に定めがある場合に限って発行されることとし（214条），これまでの原則と例外を逆転した（旧商法227条1項参照）。なお，異なる種類の株式を発行している場合は，「全部の種類」の株式について株券発行の定めをすることのみ認められる（214条）。株式譲渡制限会社では，株券発行について定款に定めがある場合であっても，株主からの請求がある時まで株券を発行し

ないことができる（215条4項）。株券を発行する旨の定款がある会社の株主は，会社に対して株券の所持を希望しない旨を申し出ることができる（217条1項）。

## ② 種類株式とは

株主が株式会社の社員として会社に対してもつ株主権には，さまざまなものがある。会社は，その株主権の内容に差をつけることができ，このような内容の異なる2種類以上の株式を種類株式という（108条1項）。これによって，会社の資金調達の便宜を図るため，出資者にとって魅力ある株式を発行できるようにした。たとえば，出資は募りたいが経営に干渉されたくない場合には，総会の議決権はないが利益配当を優先的に受けられる株式（無議決権株式・配当優先株式）を発行するなどである。

種類株式を発行する場合，以下の事項と発行可能種類株式総数を定款で定めなければならない（108条1項1号－9号・同条2項各号）。

① **剰余金の配当** 利益配当の価額の決定方法，配当条件，配当についての取扱内容を定めなければならない。
② **残余財産の分配** 残余財産の価額の決定方法，残余財産の種類，分配についての取扱内容を定めなければならない。
③ **株主総会の議決権** 株主総会において議決権を行使することができる事項，議決権行使に条件をつけるときはその条件を定めなければならない。
④ **譲渡制限株式** 株式の譲渡による取得について，会社の承認を要する旨の定めが定款にある株式を譲渡制限株式という。一定の場合に会社が承認をみなしたものとする規定をおく場合は，その旨を定めなけ

ればならない。

⑤ **取得請求権付株式** 株主が会社に対し，株式の取得（買取）を請求することができる権利がついている株式を取得請求権付株式という。取得の対価や期間などの条件を定めなければならない。また，対価として別の種類の株式を交付する場合はその種類，数や算定方法を定めなければならない。

⑥ **取得条項付株式** 一定の事由が生じたことを条件として会社が株式を取得することができる株式を取得条項付株式という。取得の期日や対価などの条件を定めなければならない。また，対価として別の種類の株式を交付する場合は，その種類，数や算定方法を定めなければならない。

⑦ **全部取得条項付種類株式** ある種類の株式について，株主総会の決議によって会社に全部の取得をさせることができる株式を全部取得条項付種類株式という。取得の対価や算定方法などの条件を定めなければならない。また，株主総会の決議についての条件を定めなければならない。

⑧ **拒否権付株式** これは種類株主総会の決議を必要とする株式のことである。種類株主総会とは，ある種類の株主だけを集めて行われる株主総会をいう。その種類株主総会の決議を必要とする事項，決議を必要とする条件を付すときはその条件を定めなければならない。

⑨ **種類株主総会で取締役・監査役を選任できる種類株式** 種類株主総会で選任できる取締役または監査役の数を定めなければならない。他の種類株主と共同で選任する場合には，その株式の種類・共同して選任する取締役または監査役の数を定めなければならない。さらに，これらの事項を変更する条件があるときは，その条件と変更後の事項を

定めなければならない。これら以外に法務省令で定める事項も定めなければならない。

## ③ 種類株式のさらなる改正点

### (1) 議決権制限株式の発行限度の撤廃

これまで，株主総会の議決権が制限されている株式（議決権制限株式）は，発行済株式総数の2分の1を超えて発行することができないとされていた（旧商法222条5項）。しかし，株主の変動が予定されていない譲渡制限株式会社では，そのような制限は無意味なので，会社法では，譲渡制限会社以外（公開会社）については，2分の1の制限を残し（115条），譲渡制限会社については，これを撤廃した。なお，会社法における議決権制限株式は，全部または一部の事項について議決権を行使できない株式を意味し，これも種類株式の一種とされた。

### (2) 種類株主総会の改正点

種類株主総会とは，数種の株式を発行した会社において，異なる種類の株主間で権利調整をするのに備えた制度である（321条－325条）。これまで，定款変更がある種類の株主に損害を及ぼす場合，種類株主総会の特別決議が必要とされてきたが，その基準が不明確であった。

そこで会社法では，①株式の種類の追加，②株式の内容の変更，③発行可能な株式の総数または発行可能な種類株式の総数の増加の場合の定款変更に，決議が必要であることを明文化した（322条1項1号）。また，組織再編行為によってある種類の株主に損害を及ぼす場合なども種類株主総会の決議を必要としている（同項7号・13号）。なお，あらかじめ定

款で決議を要しない旨を定めることもできる (同条2項)。

## 4 単元株制度と廃止された端株制度

### (1) 端株と単元未満株

端株は，1株に満たない端数に一定の権利を与えたもので，単元株とは，一定数の株式をまとめて一単元とし，一単元に一議決権を与えるものである。一単元に満たない株式を単元未満株式という。端株が1つの株式でないものに権利を与えるものであるのに対し，単元未満株は，本来株式であるのに権利を制限するものであるという点で異なった。

### (2) 端株制度の廃止

端株も単元未満株も，完全な権利行使ができない株式であるという点で共通する。そこで会社法は，経過措置を設けた上で端株制度を廃止し，単元株制度に一本化した。単元未満株主の権利は次のとおりである。

① **株主総会または種類株主総会の議決権がないこと** (189条1項)　この点は，従来と同じである。

② **単元未満株式の買取請求**　単元未満株主は，会社に対して，自分がもっている単元未満株式を買い取ることを請求できる (192条1項)。

③ **単元未満株主の売渡請求**　この点も従来と同じである。定款の定めにより，会社に対して自己の単元未満株式と足して一単元になるように買増しを請求することができる (194条1項)。

④ **定款の定めで権利を制限することができること**　全部取得条項付種類株式を会社が取得した場合の対価を受ける権利，取得条項付株式を会社が取得した場合の対価を受ける権利，株式の無償割当を受ける権

利，単元未満株式の買取請求権，残余財産分配請求権，その他法務省令で定める権利について制限することができる（189条2項）。

⑤　定款で単元未満株主には株券を発行しないと定めることができること（189条3項）　この点も従来と同じである。

## 5　株主の権利と義務

### (1)　株主の権利

株主権は，法律で規定されることが多いが，定款の定めにより認められるものもある。株主権は，①自益権と共益権，②単独株主権と少数株主権に分類できる。

### (2)　自益権と共益権

自益権は，株主が会社から経済的利益を受けることを目的とする権利であり，共益権とは，株主が会社の経営に参加することを目的とする権利である。自益権としては，主に剰余金配当請求権（105条1項1号），残余財産分配請求権（同条項2号）がある。これらの権利によって株主の経済的利益が保護される。株主が会社に出資するのは，できるだけ多くの剰余金配当を受けることや株価の上昇を期待してのことであり，そのほとんどが投資株主・投機株主である。

共益権には，最も重要な株主総会における議決権（同項3号）のほか，株主総会決議取消訴権，取締役などの違法行為に対する差止請求権などがある。株主総会における議決権のほかに，共益権にこのような「監督是正権」を含めるのは，会社の適正な経営を確保するためで，これらの権利行使は株主全体の利益となる。

### (3) 単独株主権と少数株主権

単独株主権とは，たとえ1株の株主でも行使できる権利のことである。自益権の全てと共益権のうちの議決権はこれに属する。これに対し，少数株主権とは，総株主の議決権の一定割合以上または一定数以上の株式をもつ株主だけが行使できる権利のことである。少数株主権の趣旨は，すべての株主に権利行使を認めると，その濫用などによって会社の合理的な経営が阻害され，総株主の利益にならない場合も予想されることから，合理的な範囲で権利行使を制限するものである。これには，たとえば総会に議題や議案を提案する権利である株主提案権（303条・305条）や総会の招集を請求する権利である株主総会招集権（297条）のほか，会社の会計帳簿や書類の閲覧・謄写を請求する権利である帳簿閲覧請求権（433条），解散判決請求権（833条），さらに役員の解任請求権（854条）などがある。多数派との関係で，少数派でも行使できるという意味で少数株主権と呼ばれる。なお，株主1人でこの要件を備える必要はなく，少数派がまとまって一定割合または一定数を満たせばよい。

### (4) 株主の義務

株式会社では，株主は，会社に対する義務として株式の引受価額を限度とする出資義務を負うだけで（104条），以後は会社やその債権者に対して特別の義務を負うことはない。したがって，出資義務を果たした株主には義務はないということになる。

### (5) 株主平等の原則とは

株主は，社員としての法律関係については，もっている株式の内容と

数に応じて，会社から平等に取り扱われるという原則である（109条1項）。株主平等の原則は，経営者の権限濫用や多数決の濫用から，少数の株主を保護するという機能がある。ただし，公開会社でない株式会社（譲渡制限会社）では，剰余金配当請求権，残余財産分配請求権，株主総会における議決権について，株主ごとに異なる取扱いをすることを定款で定めることができる（同条2項）。閉鎖会社なので，定款自治が認められる。

### (6) 利益供与の禁止

会社経営の健全性を確保して，会社財産が不当に浪費されるのを防止するため，株主の権利行使について，会社は自己またはその子会社（2条3号）の計算で財産上の利益を供与してはならない（120条1項）。とくに総会屋への利益供与が問題とされるのはなぜか。総会屋が株主権の正当な行使を妨げたことに加えて，株主である総会屋に利益供与することが株主平等原則に違反することも重大である。

## 6 多様化された株式譲渡制限

### (1) 株式の譲渡制限

原則として，株式は自由に譲渡できるが，身内仲間で経営している会社の場合には，経営方針の異なる人物が株主として介入してくるのは避けたい。そこで，定款で，株式の譲渡による取得に会社の承認を必要とする旨を定めることができる。

## (2) 制限方法の多様化

これまで,譲渡制限は,取締役会の承認による方法しか認められないかどうか,株主総会や代表取締役などに承認権をもたせることはできないかについて,議論があった。これに対して会社法は,定款による譲渡制限の多様化を認めた(139条以下)。

① 特定の相手方に対しては,承認を不要とするか,代表取締役の承認で足りるとすることができる。たとえば,譲渡の相手方が従業員である場合には,承認を不要としたり,代表取締役だけの承認で足りると定款で定めることができるようになった。

② 相続・合併による株式移転の場合に承認を必要とすることができる。相続人や合併後の会社が株式移転を承認することを望まない場合は,承認しないことができる。

③ 譲渡を承認しない場合の先買権者をあらかじめ指定しておくことができることが明確にされた(140条4項)。株式を譲渡したいのに会社が承認をしてくれない場合には,会社が別の譲受人となる者(先買権者)を指定する。譲渡したい株主としては,株式を譲渡することによって会社に出資した分を回収できればよいので,先買権者をあらかじめ指定できるようになった。

④ 取締役会設置会社であっても,株主総会を承認機関とすることができる。取締役会を設置していない会社の場合,株式の譲渡を承認するかどうかの決定は,株主総会の決議によって行う(139条1項)。取締役会を設置している会社においては,取締役会が決定するのが原則である。もっとも,取締役会設置会社であっても,株主が承認するのであれば問題ない。そこで,取締役会を設置している会社で

あっても，定款で，譲渡の承認機関を株主総会とすることもできる（139条1項但書）。
⑤　ある種類の株式についてだけ譲渡制限することができる。種類株式には，譲渡されると困るものと困らないものがある。議決権のある種類株式が譲渡されると，会社の経営にとって好ましくない者が干渉してくる可能性がある。そこで，ある種類株式の譲渡についてだけ，取締役会の承認を要する旨を定款で定めることができる。

### (3) 取得者からの承認請求

譲渡制限株式の取得者が会社に対してその取得の承認を請求する手続は，名義書換請求の手続と同様，取得株式数，取得者の氏名・名称を明らかにして行うものとした（138条）。承認なく株式を取得した者からの名義書換請求については，株式会社はその取得を承認せず名義書換を拒むことができる。この場合，承認を拒否された取得者は，会社に対し，買受人の指定を請求することができる。

## 7　少数株主権の合理化

### (1) 監督是正権とは

これは，会社の運営を監督し誤りを正す権利である。株式会社の意思決定は多数決で行われ，経営は取締役らに任される。しかし，多数決による決定や取締役らの経営判断が常に正しいとは限らないため，少数派の株主を保護するためにも監督是正権が認められている。監督是正権には，単独株主権と少数株主権がある。

## (2) 少数株主権の行使要件

これまで，少数株主権は議決権を基準としていたが，たとえば剰余金配当請求権のように，株主権の中には議決権の有無にかかわらず認められる権利がある。したがって，剰余金配当に関係する会社の財産状況を知るための帳簿閲覧請求権を議決権のない株主に認めないというのは不合理である。そこで，会社法は，帳簿閲覧請求権，業務執行検査役選任請求権，役員解任請求権については，「発行済み株式の3％以上の株式を有する株主」であれば行使できるものとした（433条・358条1項2号・854条）。

## (3) 株主総会関連の少数株主権行使

行使できる権利を定款で定めることに意味はあるが，行使できない権利を定款で定めることは不合理である。そこで，株主総会に関連する少数株主権（株主提案権，総会招集権，総会検査役選任請求権）の行使は，株主が議決権を行使できる事項に限るものとし，株主が議決権を行使できない事項については，その行使を認めないものとした（303条1項・297条1項・306条1項）。これらの権利は議決権行使の可能なことが前提となる。

なお，取締役会を設置しない会社の場合，これまで少数株主権であった株主提案権は単独株主権となったが（303条1項・305条1項），それ以外については，これまでの株式会社と同様である。

## (4) 株主名簿等の閲覧請求権

これまで，株主名簿は，株主と会社債権者が営業時間内ならいつでもその閲覧・謄写をすることができたが，プライバシー上の問題があった。

そこで，株主名簿，新株予約権原簿，会計帳簿の閲覧・謄写請求権，社債原簿の閲覧・謄写請求権については，一定の拒絶事由にあたる場合には，会社は請求を拒絶できるものとされた（125条3項・252条3項・433条2項・684条3項）。

## ⑧ 基準日の明確化

### (1) 基準日とは

会社が決めた「基準日」という一定の日に株主名簿に記載されている株主（基準日株主）を権利者として扱う制度のことである（124条1項）。株主総会の議決権や利益配当請求権などの行使を一定時点の株主に確定したい場合に利用される制度である（なお，従来の株主名簿の閉鎖制度は，平成16年改正によって廃止された）。

### (2) 基準日後の株主権

たとえば，組織再編行為により新株が発行され，新たに株主になった者が議決権を行使するような場合を想定すると，基準日後の株主であっても，議決権を行使できるようにすべきという要請があった。これまで，基準日後に新株が発行された場合について，基準日後の株主が議決権を行使できるという規定はなかった。

そこで，会社法は，基準日を設定した場合であっても，株式会社の判断により，基準日後に株主となった者のうち，議決権を行使することができる株主を定めることが許されることとした（124条4項）。ただし，その株式の基準日株主の権利を害してはならない（同項但書）。

### (3) 日割配当の廃止

これまで新株発行の場合の配当は，これを日割配当とすることがあった。しかし，配当起算日の異なる同一の種類株式が存在することとなり，その扱いをどうすべきかが不明であった。そこで，会社法では，日割配当という考え方をとらず，基準日における株主は，その保有する株式の発行時期にかかわらず，同一に配当その他の財産・株式等の割当てを受けるものとされた。

## 9 自己株式取得の緩和と明確化

### (1) 自由化の要請

自己株式の取得とは，自社が発行した株式を会社が取得することである。自己株式の取得は，①出資の払戻しによって会社の財産が流出してしまう（資本の空洞化），②株式の相場操縦などに悪用される（不正取引），③方法によっては一部の株主を特別扱いすることになる（株主間の不平等），④現経営者の保身のために利用される（会社支配の歪曲化）といったデメリットを防ぐという政策目的から，原則として禁止されていた。しかし，これらのデメリットは，①財源規制を設けること，②証券取引法での対処，③株主の利益への配慮，④株主総会の信任などによって防ぐことができる。

また，自己株式の取得を認めることには必要性もある。たとえば，市場に出回った自社の株式を回収することで株価維持を図るとか，資金の余った会社が投資先を見つけられない場合に，資金を株主に還元する手段として，自己株式の取得を認める必要があった。そこで，平成13年に

旧商法が改正され、自己株式の取得が原則として自由になった（金庫株の解禁）。

### (2) 自己株式取得の許容と手続

会社が自己株式を取得できる場合については、会社法155条に列挙されているが、会社が自己株式を取得しようとする場合は、取得できる株式の種類や数、取得価額の総額について株主総会の承認決議を経るのが原則である（156条1項）。

特定の者から買い受ける場合には、会社が特定の株主を差別して取り扱わないようにするため、特別決議による承認を経なければならない（160条1項・309条2項2号）。また、平成15年の旧商法改正により、定款の定めがあれば取締役会の決議によって自己株式を取得できるようになった。これまで、特定の株主だけから自己株式の取得ができるのはどのような場合か、また、株主平等の観点からすべての株主に取得の機会が与えられるべきか、明確ではなかったが、これを明確にした。

### (3) 相対取引による取得の改善

自己株式の取得には、次の方法がある。①取引所や店頭市場での取引による取得（市場取引）、②不特定・多数人に対して公告して、市場外で株式の買付けを行う方法（公開買付け）、③株主と直接取引をする方法（相対取引）の3つである。株式を公開していない会社については、相対取引に限られる。

相対取引による場合、売主となった株主とそうでない株主の間で、譲渡価格をめぐって不公平な取扱いが生じる危険性がある。そのため、この方法による場合には、株主は定時株主総会で、自己を売渡人として追

加するように請求できるとされていた（旧商法210条7項）。しかし，定時株主総会の時点では，条件が具体的に決まっていないため，実際に株主が売主追加請求権を行使できないという不都合があった。そこで，会社法は手続を明確にした（160条・164条・159条2項）。

### (4) 会社の権利行使

会社法は，会社は自己株式の株主権を行使できないことを明確にした（308条2項）。利益配当請求権・残余財産分配請求権・新株引受権といった自益権，それに議決権を含むすべての共益権の行使が認められないことになる。

## 10 株式の消却・併合・分割

### (1) 株式の消却とは

旧商法によれば，特定の株式を消滅させることを株式の消却とし，これは発行済み株式数を減少させる方法のひとつである。そして，株式の消却ができるのは，①会社保有の自己株式を消却する場合，②資本減少の方法として行われる場合，③定款に基づき配当可能利益をもって消却する場合に限定されていた（旧商法213条1項）。この株式の消却については，会社法で大きく変わった。たとえば，A社がBの株式をBのもとにおいたまま消却する場合も，A社がBの株式を買いとる場合も，A社がBに対価を交付しBは以後株主でなくなるという点では同じである。そこで，会社法では，定款に基づく株式消却は，自己株式の消却という制度に整理されることになった。そこで，自己株式以外の株式を消却するには，会社がまず自己株式を取得し，それを消却することになる。

会社法では，概念を整理して，上記の①だけを株式の消却とした。そして，②と③を含め会社以外の株主が保有する株式については，まず自己株式の取得をした後に消却するというように整理し直した。その結果，これまでの規制は「自己株式の取得」規制にすべて吸収された。会社法での株式消却の手続としては，取締役会設置会社では取締役会決議によって消却する自己株式の数を定めるだけである（178条1項2項）。

なお，これに関連して，株式消却により授権株式数が減少するのか，それとも減少せず未発行株式数が復活し会社は復活分の株式再発行ができるかについては，これまで議論があったが，会社法は減少しないとの立場である。よって，再発行を認めると解釈される可能性が高い。

### (2) 株式の併合とは

たとえば，5株を3株にというように数個の株式をあわせて，それよりも少数の株式とすることである。株式の併合は，株式数が減少し株価が上がるなど株主の利益に重大な影響を与えるので，株主総会の特別決議が必要である（180条1項・309条2項4号）。取締役は，併合を必要とする理由を説明しなければならない（180条2項）。また，株主総会の招集通知にも，株式併合についての議案の要領を記載すべきものとして，事前に株主に判断するための機会を与えている。

### (3) 株式の分割とは

これは株式併合とは逆で，たとえば，3株を5株にというように，株式を細分化して多数の株式とすることである。この場合も資本金の額は変わらず，分割後の株式を持株数に応じて既存株主に交付する。株式分割によって，株価が下がり株式の流動性も高まる。株式の分割をするに

は，株主総会の普通決議を要する。取締役会を置く会社では，取締役会の決議を要する（183条2項）。

## 11 子会社規制の整備

### (1) 子会社の規制

旧商法では，他の会社（親会社）に総株主の議決権の過半数を保有されている会社を子会社としていた（旧商法211条ノ2第1項参照）。会社法では，これに加えて，ある会社（親会社）から一定の支配権が及んでいるとみられる法人も子会社にあたるとされることになった（2条3号）。これは，証券取引法における子会社の概念と同じである。子会社には，株式会社だけでなく，親会社からの一定の支配権が及びうるとみられる外国会社を含んだ法人等もこれに含めた。

### (2) 子会社による親会社株式の取得制限

子会社がその親会社の株式を取得することは，原則として禁止されている（135条1項）。ただ，例外的に次の場合には取得が許される（同条2項）。

① 他の会社の事業の全部を譲り受ける場合に，その会社がもっている親会社の株式を譲り受ける場合
② 合併後に消滅する会社から親会社の株式を譲り受ける場合
③ 吸収分割によって他の会社から親会社の株式を譲り受ける場合
④ 新設分割によって他の会社から親会社の株式を譲り受ける場合
⑤ その他，法務省令で定める場合

### (3) 相互保有株式の規制

　総株主の議決権の4分の1以上を保有されている会社は，それを保有している会社の株式について議決権を行使することができない（308条1項）。4分の1以上の議決権を保有された会社に議決権を行使させても，保有している会社のいいなりになり，公正さを欠くからである。

# 4 新株・新株予約権発行による資金調達

## ① 資金調達の方法

　会社にとって，資金の調達は不可欠である。資金調達源には，企業内で調達する「内部資金」と企業外から調達する「外部資金」がある。内部資金の調達（自己金融）には，①会社の利益を株主の配当に回さないで事業のために使う場合（利益の内部留保）と，②減価償却などがある。外部資金の調達方法としては，①債務を負う形で調達する方法（借入金，社債）と，②増資（新株発行）という方法がある。

　なお，会社法は，新株発行に自己株式の処分も含めて，「募集株式の発行等」として一元化し整理を行った（199条以下）。新株発行と自己株式処分は，ともに既存株主に影響を及ぼすという点で変わるところがない。以下では，新株発行を中心に募集株式の発行手続を概観する。

## ② 新株発行（募集株式の発行）

　新株発行とは，会社設立後に株式を発行することで，会社財産を増加

させるものである。公開会社の場合，取締役会が募集事項（株式の数・種類，払込金額など）を決定する（199条・201条）。非公開会社の場合，株主総会の特別決議によって募集事項を決定するのが原則であるが（199条2項・309条2項5号），取締役（取締役会設置会社の場合は取締役会）に決定を委任することもできる（200条1項）。

### (1) 新株（募集株式）発行の方法

新株発行は，割り当てる相手によって，次の3つに分けられる。①株主割当（202条1項2項）は，株主に新株を引き受ける権利（新株引受権）を与えて行うものである。②第三者割当は，特定の第三者に新株引受権を与えて行う場合をいう。③公募は，広く一般から株主を募集する場合をいう。なお，会社法上の募集株式という用語には，上記すべての割当方法が含まれる。

### (2) 新株発行と既存株主の保護

新株が発行されると既存株主は自己の持分比率が下がり，また新株の発行価額によっては株価の下落要因となるなど不利益を被る場合がある。そこで，既存株主を保護するための手続が必要となる。

#### ① 公募の場合

公募の場合には，公開会社における募集事項決定の特則によれば，不公正な新株の発行がなされたときに，既存株主に差し止めの機会を与えるため，通知をすることを要する（201条3項）。この通知は，公告をもって代えることができる（同条4項）。ただし，証券取引法に基づく届出書等において会社法の規定により公告等をすべき事項が開示されてい

る場合には，会社法の規定による公告等が不要となった（同条5項）。

### ② 第三者に対する有利発行

株主以外の第三者に対して特に有利な金額で新株を発行する場合には，株主総会の特別決議が必要とされている（199条2項3号・201条1項・309条2項5号）。この有利性の有無の判断は，公正な価額と比較して特に低い金額を基準とするが，その具体的な判定は必ずしも容易ではない。

### (3) 譲渡制限株式の発行手続

譲渡制限株式を第三者に発行する場合，株主総会の特別決議が必要である（199条4項・200条4項・309条2項5号）。このような会社の場合は，既存株主が持ち株比率を維持するため市場で株式を取得できないので，既存株主の保護の要請が特に大きい。これまでは，有利発行になる場合には，別途株主総会の特別決議が必要とされていた。しかし，2度の特別決議を経なければならないとすることは，手続が面倒である。そこで会社法はそれらを一本化し，新株発行決議において，株式の種類および数に加えて，新株の発行価額の下限についても定めることとした。

### (4) 譲渡制限株式の割当者の決定

これまで，株主割当以外の方法による譲渡制限株式の割当者の決定は，新株発行時に，株主総会の決議によるもの（取締役会設置会社にあっては取締役会）とされていた。会社法では，譲渡承認機関を定款で定めることもできる（204条2項）。

(5) 株主となる時期

これまでは，払込期日の翌日から株主となるとされていたが（旧商法280条ノ9第1項），会社法は，払込期間を定め，その期間中に払込をすれば，そのときから株主になるとした（209条）。

(6) 株主割当

これまで，譲渡制限会社における株主割当の新株発行は取締役会で決定し，自己株式の処分は株主総会の特別決議で決定していた。会社法では，原則として，これらを株主総会の決議で決定することとした。なお，定款で株主総会の決議によらず，取締役または取締役会の決議によるとすることもできる（202条3項1号2号）。

(7) 金銭債権の現物出資

これまで，新株発行時に現物出資が行われる際，原則として（小額財産の特例等を除く）検査役の検査が必要とされていた（旧商法280条ノ8第1項）。しかし，現物出資の目的物が，株式会社に対する金銭債権で，履行期の到来したものであれば，会社の弁済すべき額は確定している。そこで，会社法は，株式会社に対する金銭債権のうち履行期の到来しているものを，その債権額以下で現物出資する場合には，検査役の調査を不要とした（207条9項5号）。

なお，自己株式の処分や新株予約権の行使に際して金銭以外の財産をもって現物出資する場合につき，会社法では，これを新株発行と同様に扱うものとした。

### (8) 新株発行に対する払込の証明

これまで、株式の発行に対する払込の証明は銀行または信託銀行による払込金の保管証明によってなされていたが（旧商法280条ノ14・189条1項）、会社法では、新株の発行による払込の証明は、銀行の残高証明等の方法によるものとした。

### (9) 新株発行の瑕疵

新株発行に瑕疵（かし）があった場合、新株発行の効力が生じるまでの間、株主は法令・定款違反または著しく不公正な方法による新株発行の差し止めを請求することができる（210条）。自己株式の処分についても同じである。新株発行が効力を生じた後は、瑕疵が重大である場合、新株発行無効・不存在の訴えを提起できる（828条1項2号3号・829条1号2号）。なお、新株発行無効の訴えの提訴期間は、これまで一律、新株発行の日から6ヶ月以内とされていたが、会社法では、譲渡制限会社の場合に提訴期間を1年に延長した（828条1項2号3号）。また、会社法では、新株発行の不存在確認の訴えを明定し、その判決に対世効（当事者だけでなく全員に効果が及ぶこと）を認めることとした。

## ③ 新株予約権

### (1) 新株予約権とは

その権利を有する者が会社に対して、①新株の発行、または②会社の有する自己株式の移転を請求することができる権利をいう（2条21号）。この権利の行使は、行使期間内に行使価額の払込をすることによって行

われる。また，新株予約権の発行は，有償である場合と無償の場合がある。新株予約権の発行によって，会社の資金調達に幅ができ資金調達の面で便宜を図ることが期待できる。なお，新株予約権の行使条件が満たされなくなると，当該新株予約権は消滅する（287条）。たとえば，従業員であることが条件である場合は，その者が退職すれば消滅するという意味である。

### (2) 募集新株予約権の発行手続

従来は，新株予約権の発行に関する事項は取締役会の決定によるのが原則とされ，例外的に定款で株主総会の決定事項とすることが認められていた（旧商法280条ノ20第2項）。しかし，新株予約権も最終的には会社から新株を取得することを目的とし，新株の発行と目的は同じである。そこで会社法は，募集新株予約権の発行手続を新株の発行手続と同じように整理した（238条－240条）。

公開会社の場合，取締役会が募集事項（新株予約権の内容・数・払込金額など）を決定する。非公開会社の場合，株主総会の特別決議によって募集事項を決定するのが原則であるが，取締役（取締役会設置会社の場合は取締役会）に決定を委任することもできる。

### (3) 新株予約権の行使・譲渡

新株予約権を行使する場合には，あらかじめ決められた権利行使時の払込価額の全額分を払い込む（281条1項）。この払込を行ってはじめて，新株の発行（または自己株式の移転）を受けることができる。なお，新株予約権は原則として自由に譲渡できるが（254条1項），譲渡に会社の承認を要するとすることもできる（236条1項6号）。

## (4) 第三者に対する有利発行

会社が，既存株主以外の第三者に対して，「特に有利な条件」で新株予約権を発行する場合には，既存株主の経済的利益を損なう危険があり，また既存株主の会社に対する支配に重要な影響を与えることもある。そこで，株主総会の特別決議が必要とされている（238条3項・240条1項・309条2項6号）。取締役は，この株主総会でその新株予約権の発行が必要な理由を説明しなければならない（238条3項）。

## (5) 新株予約権の消却

従来，会社は，新株予約権の発行にあたって，消却の事由・条件を定めることができ（旧商法280条ノ20第2項7号），その事由が発生したときに限り消却することができるとされていた（同280条ノ36第1項）。会社法では新株予約権の消却が，会社による自己新株予約権の取得と自己新株予約権の消却として整理され（276条），その取得対価として株式を交付することができるものとなった。

## (6) 自己新株予約権

自己新株予約権の行使は，明文で禁止される（280条6項）。その理由はこれを認めてしまうと，その払込は会社資金でなされているので，会社財産が増加することなく株式数だけが増えてしまうからである。なお，自己新株予約権の処分については，規制がない。

## 4 ストック・オプション

### (1) ストック・オプションとは

　会社法に，この定義規定はないが，会社が，取締役・使用人などに対して，将来の一定期間中にあらかじめ決められた価額（権利行使価額）で，自社の株式を購入できる権利（新株予約権）を無償で与えることである。権利行使価額よりも株価が上がれば，その差額分の利益を得ることができるので，業績向上によって株価が上がるよう，取締役や使用人が努力することを期待できる。ストック・オプション制度を活用すると，株主の利益と取締役や従業員の利益が一致することから，株主重視の経営にもつながる。

### (2) ストック・オプションの活用

　平成13年の商法改正により，ストック・オプションの行使期間や与える数の上限，付与対象者の限定に関する規制などがなくなり，より自由に制度を活用することができるようになった。このような規制がなくなったことから，対象者を取締役や従業員だけにするのではなく，たとえば会社の業績に貢献のあった者や貢献が期待できる社外の者，さらには顧問弁護士，社外の研究協力者や子会社の取締役などにも広く新株予約権が与えられる。

### (3) ストック・オプション制度の手続

　ストック・オプションは「特に有利な条件」で発行される新株予約権であり，株主以外の第三者に対する発行になるため，株主総会の特別決

議を経なければならない。その場合に，取締役は発行を必要とする理由を開示しなければならない。そして，決議がなされた日から1年間，ストック・オプションを与えることができる。なお，取締役に関しては，報酬規制の対象となり（361条1項1号3号），必ずしも有利発行とならない（238条3項1号）との解釈もされている。

# 5 社債の発行による資金調達

## 1 社　債

### (1) 社債とは

　社債は会社を債務者とする金銭債権で，募集社債に関する事項（676条）についての定めによって償還されるものである（2条23号）。社債の発行は，会社が借金をすることで外部資金を調達する方法の1つである。社債権者は，償還期限がくるまで利息の支払を受ける。社債と株式は，いずれも資金調達の手段であり，有価証券の発行ができる点で共通しているが，法律上の性質は全く異なる。しかし，社債のような性質をもつ株式の種類が増え，また新株予約権付社債のような株式に近い社債もあり，両者の接近化が進んでいる。

　社債は，一般公衆を対象とした大量かつ長期的な債権であり，継続的に社債権者と利害関係をもつため，社債権者を団体的に扱うことで保護する必要があり，社債管理者や社債権者集会などが重要である。

## (2) 社債の発行手続

　株式会社に限らず，すべての会社について社債を発行することができる。社債を公募により発行する場合（公募発行）には，次のような手順をとる（676条以下）。

① 　取締役や取締役会は，社債の総額と内容（金額・利率・償還方法や期限・利息の支払方法や期限など）を決定し，社債権者を募集する。

② 　募集に応じて引き受ける者は，社債申込証を会社に提出する（677条）。

③ 　会社は募集者の中から割当を受ける者を決定し，割当の金額，金額ごとの数を決定する（678条1項）。

④ 　割当を受けた者は，その金額を会社に払込み，社債権者となる（680条）。この際，社債券（社債権を証券にしたもの）を発行することもできるが，発行されないのが原則である（676条6号）。

⑤ 　会社は社債原簿を作成し，社債権者の名前・住所や社債の金額・利率など必要事項を記載する（681条）。

　特定の者が社債の総額をまとめて引き受ける場合（総額引受）には，上記の677条および678条に定める手続は不要である（679条）。

## (3) 社　債　券

　社債は，会社に対する債権であり無形であるが，証券化することもできる(676条6号)。社債権を証券化したものが社債券である。証券化することで，権利を譲渡しやすくすることができる。社債券には，権利者の名前が記載されている記名式社債券と，権利者の名前が記載されていない無記名式社債券がある。

## ② 社債発行手続の改正点

### (1) 社債募集事項の明確化

これまでは，株式会社が社債を発行するには，取締役会の決議を必要としたが，具体的にどのような事項を定めるべきか明らかでなかったが，会社法では次のように規定した（676条各号）。

①社債の総額，②各社債の金額，③社債の利率，④社債の償還方法・期限，⑤利息の支払方法・期限，⑥社債券を発行するか否か，⑦記名式社債券と無記名式社債券の間の転換，⑧社債権者集会の決議によらず，訴訟や倒産手続ができるか否か，⑨各社債の払込金額またはその最低金額，これらの算定方法，⑩払込の期日，⑪失権制度，⑫その他法務省令で定める事項である。

### (2) 打切発行とは

これまでは，社債の発行において応募不足になった場合，社債全部が不成立となるのが原則であったが，会社法は，資金調達の迅速化の観点から，期日までに払い込まれた分についてだけ社債が発行されるのを原則とした（676条11号参照）。これを打切発行という。

## ③ 社債管理者・社債権者集会

### (1) 社債管理者

会社法は，社債権者を保護するため，社債を発行する場合には，会社は「社債管理者」を設置しなければならないとしている（702条）。社債

管理者とは，社債権者のために社債の管理をする機関である。もっとも，①各社債の金額が1億円以上の場合，②その他社債権者の保護に欠けるおそれがないものとして法務省令で定める場合には，社債管理者の設置は義務づけられていない（702条但書）。小口の社債権者については，団体的に処理して保護を図るべきであるが，大口の社債権者にはその必要がないと考えられたからである。

銀行や信託会社など法定の資格をもつ会社でなければ，社債管理者になれない（703条）。社債管理者は，社債権者のために弁済の受領や債権の保全など社債管理に関する一切の権限をもつ一方，公平・誠実に社債を管理する義務や社債権者に対する善管注意義務を負う（704条）。

(2) **社債権者集会**

社債権者の利害に関する事項について，社債権者が集まり意思決定をする集会を社債権者集会という（715条）。これは，株主総会のような常設の制度ではない。社債権者集会は，会社または社債管理者が招集する（717条2項）。社債権者は，社債の金額に応じて議決権をもつ（723条1項）。社債権者集会の決議は，出席議決権者の議決権の総額の過半数でなされるのが原則である（724条1項）。

社債権者集会の決議があってから1週間以内に，社債権者集会の招集者は，裁判所に決議の認可を申立てなければならない（732条）。裁判所は，法令違反や不正・不公正な決議などの事由にあたらない限り，決議を認可する（733条）。裁判所の認可を受けた後，社債権者集会の決議内容が効力を生じ執行に移される（734条1項）。

## ④ 社債管理者の責任強化

### (1) これまでの問題点

　社債管理者は，社債発行会社の委託に基づいて社債の管理を行い，社債権者との間には直接の契約関係はないため，社債管理者の義務違反に基づく社債権者に対する損害賠償責任について特に規定を設けている（710条）。しかし，従来この責任は不十分とされてきた。そこで，会社法は，社債管理者の責任を強化する反面，辞任できる事由を拡大した。前述のように，会社法は，一般的な義務として公平誠実義務・善管注意義務を定め（704条），社債管理契約で定めた義務すべてについてこれらの義務を負うこととした。

### (2) 責任の強化

　社債管理者は社債発行会社に対して債権をもつこともあり，この場合，社債管理者が社債権者に優先して自らの債権の回収を図るのは公平とはいえない。そこで，会社法は，社債発行会社が，社債の償還・利息の支払を怠り，または，支払の停止があった後またはその前3ヶ月以内に次の行為をした場合，社債管理者は社債権者に対して損害賠償責任を負うものとした（710条2項各号）。すなわち，①社債管理者が社債発行会社に対して有する債権について担保の供与，弁済等を受けること，②社債管理者の子会社など特別の関係をもつ者に債権を譲渡して①の行為をすること，そして，③社債管理者が，社債発行会社との間の債権債務を相殺することである。
　もっとも，社債管理者が，社債の管理を誠実にすべき義務を怠らな

かったこと（無過失），または，社債権者の損害が社債管理者の行為によって生じたものでないこと（因果関係がないこと）を証明したときは損害賠償責任を負わない（710条2項但書）。

### (3) 社債管理者の辞任要件の緩和

社債管理者は，社債権者に優先して債権の回収を図ることが禁じられている。したがって，社債管理者に辞任することを認めるべきであるが，従来は原則として発行会社と社債権者集会の同意が辞任の条件とされていた（旧商法312条1項）。そこで会社法は，社債管理者の責任を強化したので，社債管理者は，社債管理委託契約において辞任できる事由を定めれば，それによって辞任できるよう辞任の要件を緩和した（711条2項）。もっとも，社債管理者が辞任することによって，社債管理者が存在しなくなるときは，あらかじめ事務を承継すべき社債管理者を定めなければならない（711条1項後段）。

## 5 社債の譲渡・質入等

### (1) 社債の譲渡・質入

社債権者は，社債を譲渡することも質に入れることもできる。譲渡・質入には当事者の契約が必要であるが，社債券が発行されていない場合（これが原則）と発行されている場合とで，譲渡・質入の手続が異なる。

#### ① 社債券が発行されていない場合

当事者間で譲渡・質権設定の合意をすれば，契約は効力をもつが，社債原簿に権利者の氏名や名称，住所（質権の場合はその旨）を記載・記録

しなければ，その権利を会社や第三者に主張（対抗）できない（ただし，無記名社債は除く）(688条1項3項)。

② **社債券が発行されている場合**

当事者間で譲渡・質権設定の合意をするだけでなく，権利者に社債券を交付しなければ，譲渡は効力をもたない (687条)。また，権利を会社や第三者に主張するためには，社債券を占有（所持）していなければならない。なお，社債発行会社に対抗するには，社債原簿に氏名等の記載（記録）のあることが要件となる (688条2項)。

## (2) 社債の善意取得

証券である社債券の占有者は，権利である社債を適法に有するものと推定される (689条1項)。社債券の交付を受けた者は，交付者が無権利であったとしても，無権利であることを知っているか，重過失により知らない場合以外は，善意取得により権利を取得することができる(同条2項)。

# *6* 会社の計算はどうする

## 1 会社の会計

### (1) 会社の計算とは

　これは，会社の会計のことである。会社法は，①株主や会社債権者への情報開示，②剰余金の配当限度額の算定という目的のために会社の計算について法規制をしている。企業会計は，「公正妥当な企業会計の慣行」に従って行われなければならない（431条）。

　これまでの企業会計原則は大会社を想定していたが，会社法は中小会社の会計の質的向上をめざして会計参与制度を創設するとともに，会計参与が依拠すべき中小会社向けの「中小企業の会計に関する指針」が，日本公認会計士協会・日本税理士会連合会・日本商工会議所・企業会計基準委員会の4団体によって制定された。

　会社は法務省令の定めるところにより，会計帳簿を作成し（432条1項），会計帳簿閉鎖の時から10年間保存しなければならない（同条2項）。そして，少数株主権として，会計帳簿の閲覧・謄写請求権が認められる（433条1項2項）。ここでいう会計帳簿は，計算書類等の作成の基礎となる帳

簿であり，仕訳帳・総勘定元帳等がこれにあたる。

(2) **計算書類等とは**

　会社は決算期ごとに，法務省令で定めるところにより（会社計算規則91条1項），貸借対照表，損益計算書，株主資本等変動計算書および個別注記表の4つの計算書類と事業報告書およびそれらの附属明細書を作成しなければならない（435条2項）。これらの書類の承認手続は，会社の機関構成によって多少異なるが，基本的には同じである（436条−440条）。監査機関（監査役・会計監査人）の監査あるいは取締役会の承認を受けた後，定時株主総会に提出・提供され承認を受ける。取締役は，定時株主総会において事業報告の内容を報告しなければならない。ただし，会計監査人設置会社では，会計監査人の監査後，取締役会の承認を受け，それが会社の財産・損益の状況を正しく表示しているものと認められれば，定時株主総会の承認は不要となる。これらの計算書類は，本店や支店に備え置かれ閲覧に供される。

　なお，計算書類に関して重要な改正点がある。旧商法では利益処分案・損失処理案も計算書類とされていたが（旧商法281条1項4号），会社法では，利益処分案等に盛り込まれていた事項は，①剰余金の配当，②役員の賞与，③資本等の計数の変動等に分解した上で，決算の確定と切り離して，これらは随時に行うことができると整理されたため，利益処分案等は存在しないこととなった。また，いつでも上記の①や③ができるとされたため，株主持分の期中の変動を表す計算書「株主資本等変動計算書」の作成が求められる。さらには，タイムリーな開示をするため，および臨時決算により期中の損益を剰余金分配に反映させるため（461条2項2号5号），「臨時計算書類」を作成することができる（441条1項）。

### (3) 資本金と準備金とは

これまでの「資本」という用語は，会社法では「資本金」に改められた。会社の純資産額のうち資本の額を超え，会社に留保される額を準備金という（445条）。準備金には，資本準備金（利益以外の財源から積み立てられる準備金）と利益準備金（毎決算期の利益の一部を貯めて将来に備えるために積み立てられる準備金）があるが，会社法では，資本金払込の場合に資本準備金が規定されるほかは，基本的に準備金を区別して規定していない。

会社に実際に払い込まれた額（現物出資では給付額）の総額が資本金となるのが原則であるが（445条1項），会社に払い込まれた額の2分の1以下の額は資本金にしないで，資本準備金にすることもできる（同条2項3項）。会社に剰余金が出ても全部配当できるわけではなく，配当する剰余金の10％は準備金として積み立てなければならない（同条4項）。なお，旧商法での資本の算出は，発行価額を基準としていた（旧商法284条ノ2）がこれを改めた。

## 2　純資産の部変動手続の柔軟化

### (1) これまでの制度

貸借対照表は，資産，負債，資本の3つに分けられた。①資産とは，会社の財産であり，②負債とは，会社の債務であり，③資本とは，会社財産を確保するための基準となる一定の数額である。このうち資本の部（現在は純資産の部）には，資本金，資本剰余金（資本準備金など），利益剰余金（利益準備金など）などを記載した。従来は，資本および法定準備

金の計数（貸借対照表上の数字）を変動するためには，厳格な手続が必要とされていたが，資本の額は一定の数字にすぎないため，過大表示されることもある。そこで，資本の額の減少に厳格な手続を必要とすることにあまり意味はないため，会社法では，次のような改正をしている。

### (2) 資本金等の計数の変動手続

会社法によると，会社は，いつでも株主総会の決議によって，資本金等の計数を動かすことができる（447条1項）。これは純資産の部（会社計算規則105条・108条）の計数のすべての変動を意味する。たとえば，剰余金を資本金あるいは準備金に組み入れたり，準備金を資本金に組み入れたりする場合には，株主総会の決議が必要になる。なお，純資産の部における「株主資本」とは，株主に帰属する純資産である。

### (3) 資本金・準備金減少の上限規制の撤廃

従来は，会社成立後に，資本金・準備金を減少させる限度額（資本4分の1に相当する額）が定められていたが（旧商法289条2項など），これを撤廃し，最低資本金制度も撤廃されたため，資本金がいくら小さくても，ゼロまで減資（100パーセント減資）が可能となった。

### (4) 資本組入れ基準の変更

新株などを発行する際の資本組入額と準備金の積立額について，これまで「発行価額」を基準に算出していた（たとえば，旧商法284条ノ2・288条ノ2など）のを改め，会社法では「払込金額」を基準とする。これは，「発行価額」が実際の「引受価額」（払込金額）と一致しないことがあるので，払込金額にあわせた（445条）。

## ③ 資本原則の緩和

### (1) これまでの資本制度

資本とは，会社財産を確保するための基準となる一定の数額である。株式会社では，株主は間接有限責任を負うにすぎないので，会社債権者にとって頼りにできるのは，会社財産だけである。そこで，会社財産を確保して会社債権者を保護するため，次のような資本3原則が認められるとされていた。

#### ① 資本充実・維持の原則

資本充実の原則とは，資本の額に相当する財産が現実に会社に拠出されなければならないという原則である。これにより，発行価額の全額払込・現物出資の全部給付が要求され，発起人らが引受・払込・給付担保責任を負うものとされている。また，資本維持の原則とは，資本の額に相当する財産が現実に会社に保有されていなければならないという原則である。そのため，会社財産が資本の額を下回る場合には利益配当は許されないとされた。

#### ② 資本不変の原則

資本不変の原則とは，自由に資本を減少することは許されないという原則である（その増加は自由）。もし，資本を自由に減少してもよいことにすると，資本に与えられた会社財産を確保する基準としての意味がなくなってしまい，債権者の期待に反することになってしまうため，法律が定める厳格な手続によってのみ，資本は減少することができる。

### ③ 資本確定の原則

予定された資本の額に相当する財産の拠出者を得られない限り，会社設立または増資の効力を否定するという原則である。もっとも，会社が発行できる株式総数（発行可能株式総数）の範囲内で，取締役会決議により新株を発行できるという「授権資本制度」の導入に伴い，これは大きく変容した。つまり，設立時においては，定款で定めた発行可能株式総数の4分の1以上にあたる「設立時発行株式」について全部の引受・払込があれば足りる。また，新株発行時においては，発行を予定していた新株の全部について引受・払込がなくても，引受・払込があった分についてだけ新株発行の効力が認められるとされている。

### (2) これまでの制度上の問題点

会社の事業が始まれば，実際に会社が保有する財産は必ずしも資本の示す金額に一致しなくなる。資本は，あくまでも最低限確保すべき基準となる数額にすぎず，実際に確保されている金額ではない。いくら資本の金額を大きく掲げても，その後に経営状況の悪化や粉飾決算があれば，それは会社債権者にとって意味がない。むしろ，会社債権者に真の会社財務状況を知らせる方が有益である。そこで，財務の開示（ディスクロージャー）を拡充するのにあわせ，資本原則を緩和する方向で改正がなされた。

### (3) 財務の開示と資本原則の合理化

会社法は，中小会社まで含めて貸借対照表を（大会社では損益計算書も）公告しなければならないとした（440条1項）。もっとも，有価証券報告書を提出している株式会社の場合は，決算公告は不要である（同条4項）。

また，資本3原則は次のように合理化された。①資本充実の原則について，現物出資・財産引受・事後設立の際の調査が緩和された。②資本維持の原則について，剰余金の分配規制と分配可能額の計算方法が見直された。③資本不変の原則については，準備金の減少の上限規制（資本の4分の1に相当する額の維持）および減資についての規制が撤廃された。

## 4 会社財産払戻および剰余金の配当

### (1) 剰余金配当規制の趣旨

会社法は，これまでの①利益配当，②中間配当，③自己株式の有償取得，④資本金または準備金の減少に伴う払戻しなど，株主への会社財産の払戻行為について，剰余金の配当等という概念で統一的に規制している。株主の自益権の中心は，残余財産分配請求権と利益配当請求権である。会社は永続的に存続することを目指すため，会社が解散するときに株主に分配される残余財産をあてにするのは一般的ではない。通常，株主が利益を受けるのは，配当による。営利を目的とする会社においては，利益を上げた以上，それをすべて株主に配当してもよさそうにも思える。しかし，その利益を会社に留保させて来期に設備投資をすれば，もっと大きな利益が上がる場合もある。また，会社の利益といっても，その処分の仕方によっては会社債権者などに影響を与えることもある。そこで，会社法は，利益配当（剰余金配当）について規制をしている。

### (2) 剰余金配当の手続

剰余金の配当を行うには，原則として株主総会の普通決議による承認を受けなければならない（454条1項・309条1項）。剰余金配当は，「分配

可能額」の範囲内でしなければならない（461条1項）。分配可能額は，剰余金（会社に留保される利益等）から当期支出分（自己株式の帳簿価額等・損失額・法務省令で定める額など）を引いた額で（461条2項），基本的には旧商法での配当可能利益と同じであるが，計算方法が変わった。

会社法では，剰余金と分配可能額とは異なる。剰余金は，勘定科目に着目したもの（その他資本剰余金＋任意積立金等＋その他利益剰余金の合計額）で，期中にその合計額を変動させる要因があればそれを反映させることとされる（446条）。これに対し，分配可能額は，剰余金の額を基にした株主・債権者間の利害調整のための数値で，それに必要な加減を行った数値である（461条2項）。

また，臨時計算書を作成すれば，期間損益をその期中に配当することもできる。さらに，会社の純資産額が300万円を下回る場合には，配当はできないこととなった（458条）。最低資本金制は廃止されたが，有限会社の最低資本金額に見合う額が，実質的に剰余金の配当規制として残されている。

### (3) 現物配当とは

会社法は，金銭以外の財産による配当（現物配当）を認めている（454条4項）。もっとも，株主の中には，現物ではなく金銭による分配を請求する者もいる。そのような株主に対しては，株主総会の決議により，現物配当に代えて金銭の交付を請求できる権利（金銭分配請求権）を与えることができる（同項1号）。会社が現物配当をする場合で，かつ株主に金銭分配請求を与えない場合には，株主総会の特別決議を必要とする（454条1項・309条2項10号）。

### (4) 違法配当とは

　分配可能額を超えてなされた剰余金配当は，違法配当となり，無効である (461条1項)。違法配当を提案等した取締役と違法配当を受けた者は，連帯して，配当された分を会社に返還する義務を負う (462条1項)。この返還請求は，会社だけでなく会社債権者もできる。また，違法配当を行った取締役等業務執行者は，連帯して会社に対して超過額を支払う義務を負うが，支払義務を果たした後に，悪意の株主へ求償することはできる (463条1項)。

### (5) 自己株式の有償取得

　会社法は，会社財産の払戻しを「剰余金の配当等」として整理し財源規制の内容も統一した。その結果，自己株式の有償取得については，原則として財源規制が課される (461条1項2号3号)。ただ，有償取得であっても，会社が取得せざるを得ない場合や，法律上の義務としてこれを取得する場合もある。そこで，次のような場合には，財源規制をかけないこととした。

　①合併，分割や営業全部の譲受けにより，相手方の持っている自己の株式を取得する場合，②合併，分割，株式交換，株式移転，営業譲渡や営業譲受けの際の反対株主の買取請求に応じて買い受ける場合，そして，③単元未満株主の買取請求に応じて買い受ける場合である。

　株式会社が上記の②と③以外の買取請求に応じて，自己株式を買い受ける場合において，分配可能額を超えるときは，自己株式取得に関する職務を行った業務執行取締役または執行役，および自己株式の買受けについて株主総会または取締役会に議案を提出した取締役は，その超過額

を弁済する責任が生じる（過失責任。464条1項）。

## 5 利益処分・損失処理の柔軟化

### (1) 柔軟化の内容

株式会社は，いつでも株主総会の決議によって剰余金の配当や損失の処理を決定することができる。また，取締役会を設置する株式会社においては，これまで同様，中間配当（一事業年度の途中で1回に限り取締役会の決議で剰余金の配当をすること）ができる旨を定款に定めることができる（454条5項）。

### (2) 役員賞与の取扱い

役員賞与も職務執行の対価であり「報酬」に含まれるが，利益処分の性質をもつものとされ，報酬についての株主総会決議とは別に，利益処分の手続として株主総会決議を経なければならないとされていた。ところが，会計監査人設置会社でかつ取締役会設置会社であって一定の条件を満たす会社では，取締役会決議だけで利益処分が可能とされるため（459条），役員賞与についても株主総会の決議を要せずに取締役会決議だけで決定できるようにもみえる。しかし，取締役会で取締役の賞与を決定することが可能になると，「お手盛り」の危険が生じる。そこで，会社法は，賞与についても，職務執行の対価として役員が会社から受ける財産上の利益にあたるとして，定款または株主総会の決議によって定めることとした（361条1項・379条1項・387条1項）。

# 7　会社の設立はどうする

## 1　設立のポイント

　会社を設立するためには，人と資金を集め，団体としての会社の実体を作り，設立登記によって法人格を取得することが必要である。団体としての会社の実態は，会社の根本規則である定款の作成，出資者の確定，会社機関の具備，会社財産の形成によってできる。法定の要件を満たせば当然に設立登記が認められる（準則主義）。株式会社では資本金の額として，これまで最低1,000万円が必要とされていたが（旧商法168条ノ4），会社法では，最低資本金制度を廃止し，定款に設立の際に出資される財産の価額またはその最低額を定めれば足りる（27条4号）。つまり，資本金1円でも会社を設立することができることになった。これまでも確認会社の特例があったが，今後はその存在意義を失う。

　株式会社の設立方法には，発起設立と募集設立があり，それぞれ手続が異なる。設立の際に発行する株式総数の全部を発起人が引き受けて会社を設立する場合を「発起設立」といい（25条1項1号），これに対して「募集設立」とは，一部を発起人が引き受けて，残りを募集して引き受

けてもらう設立方法をいう（25条1項2号）。募集設立は大規模な会社を設立する場合に適しているが，募集設立の場合は，発起設立の設立費用に加えて払込取扱機関の保管証明手数料が余分にかかる。

　なお，会社法の立法を検討する中で，手続の複雑な募集設立の廃止が議論され，要綱試案では発起設立に一本化する方向が示されていた。しかし，実務では募集設立の方が使い勝手がよい場合があるとされ，これまでの通り2つの設立方法を残したという経緯がある。

### (1) 発起設立の手順

① 定款の作成（26条）と公証人による認証（30条1項）
② 定款に定めがない株式発行事項の決定（32条）
③ 発起人による株式全部の引受（25条2項）
④ 発起人による引受株式に応じた出資金の払込（34条1項）
⑤ 発起人による設立時取締役等の役員の選任（38条・47条）
⑥ 設立時取締役等による設立手続の調査（46条）
⑦ 設立の登記（911条1項・49条）

### (2) 募集設立

　募集設立の場合，③発起人による株式一部の引受および引受人（株主）の募集（57条），④発起人・引受人による出資金の払込（34条・63条），⑤創立総会の開催（65条以下），⑦の前に創立総会への報告が必要になる（87条）。このように，募集設立は複雑な手続を要するが，知人から資金を集める場合に，みんなで一緒に会社を作るという雰囲気づくりにも役立ち，また定款の作成・認証が終わった後で，社名や事業目的を変更したい場合に，募集設立によると創立総会で定款変更ができ（96条），改め

て公証人の認証も要しないというメリットがある。

## ② 設立のスタート

### (1) 定款の作成

　株式会社設立の第一歩は発起人による定款の作成（原始定款）である。発起人とは，会社設立の企画者として定款に署名した人のことをいう（26条1項）。したがって，署名しない者は設立に関わっても発起人ではない。ただし，募集設立において擬似発起人としての責任を負う場合がある（103条2項）。定款の作成とは，株式会社の組織と活動についての根本規則を確定して，書面として作成することである。定款の記載事項としては，絶対的記載事項，相対的記載事項，そして任意的記載事項がある（27条－29条）。

#### ①　絶対的記載事項

　定款に絶対に記載すべき事項で，記載を欠くと定款が無効となる。それは，会社の目的，商号，本店の所在地，設立に際して出資される財産の価額またはその最低額，そして発起人の氏名または名称および住所である（27条）。

#### ②　相対的記載事項

　記載をしなくても定款の効力に影響しないが，記載しないとその事項の効力が認められないものである（29条参照）。これは多岐にわたるが，中でもとくに変態設立事項（特定の発起人だけの利益になりうる事項）（28条）が重要である。

### ③ 任意的記載事項

定款外で定めても効力をもつ事項をいう（29条）。定款で定めると定款の一部となり、その変更には定款変更の手続が必要となるという点で、これを記載する意味がある。

## (2) 定款記載事項の合理化

会社設立時の定款記載事項が合理化された。従来は、会社の設立時に定款で定めなければならないものが多くあったが、会社法では改められたので確認しておこう。

### ① 株式数・出資額

これまでは、会社設立時に「会社が発行する株式の総数」を定款に記載することになっていたが（旧商法166条1項3号）、会社法では、「設立に際して出資される財産の価額またはその最低額」を定款に記載すればよい（27条4号）。つまり、定款作成時に発行可能株式総数を定める必要はなくなった。

### ② 発行可能株式総数の決定

「株式会社が発行することができる株式の総数」を定款で定めていない場合には、会社成立までに発起人全員の同意によって定款を変更し、その定めを設けなければならない（37条1項）。

### ③ 発起人の株式引受

各発起人が株式を引き受けるには、発起人全員の同意があればよく（32条1項）、書面（電磁的記録）によって引き受ける必要はなくなった。

### ④ 公告の方法

これまで会社の公告の方法は、定款に絶対に記載すべき事項とされていた（絶対的記載事項。旧商法166条1項9号）が、会社法ではこれを任意なものに改めた（相対的記載事項。939条1項2項）。

## ③ 社員の確定と設立経過の調査

### (1) 社員の確定

会社を設立するには、出資者となる株主の確定、出資による会社財産の形成が必要である。株主の確定は、株式の引受と出資金の払込によって行われる。

発起設立の場合、発起人が設立時に発行する株式の全部を引き受ける（25条1項1号）。そして、発起人はできるだけ早い日を払込の日として、各自が引き受けた株式の発行価額全額の払込をする（34条1項）。不正行為を防止して払込が確実に行われるようにするために、発起人は銀行または信託会社を払込取扱の場所として定め、そこに払込をしなければならない（同条2項）。

募集設立の場合には、発起人が最低1株を引き受けた後、設立時に発行する株式の残部について、他に株主となる人を募集する（25条1項2号・57条1項）。この募集に対して申込があると、割当がなされる（60条1項）。これは誰に何株引き受けさせるかを決定するもので、これにより引受人に払込義務が生じる（62条・63条1項）。そして引受が確定し、出資がすべて履行されると、創立総会が招集される（65条1項）。これは株式引受人からなる設立中の会社の議決機関で、設立後の会社における株

主総会にあたる。株式引受人は，会社が成立すると同時に株主となる。

### (2) 設立経過の調査

会社法は，会社の設立にあたっては，出資が確実になされているかをチェックするように，関係者に義務づけている。発起設立の場合には，設立時取締役等が，発行価額全額の引受・払込と現物出資全部の給付があったかどうかを調査する。そして法令違反などの不正の事実があった場合には各発起人に通告しなければならない（46条1項2項）。

募集設立の場合に招集される創立総会では，まず，発起人が設立の経緯を報告する（87条）。そして設立時取締役等を選任する（88条）。その後，設立時取締役等は発行価額全額の引受・払込と現物出資全部の給付があったかどうかを調査する（93条1項・94条）。

### (3) 預合いと見せ金

会社財産の払込は，現実に，確実になされる必要がある。会社財産を実質的に空洞化するような払込は無効となる。その典型として「預合い」があり，さらに「見せ金」がある。

#### ① 預合いとは

これは，発起人が銀行と示し合わせ，帳簿上で借り入れをし，それを払込にあてる形をとるとともに，この借入金を返済するまでは預金を引き出さないことを約束する行為をいう。銀行からの借金をそのまま会社に出資する財産としているにすぎないので，会社財産はゼロに等しいため払込としては無効となる。ちなみに，募集設立での募集株式の払込については，払込取扱機関（銀行）が保管証明を交付すると，その証明し

た金額については，成立後の会社に対し払込がなかったなどと主張することができなくなる（64条2項）。また，預合いをした発起人（預合い罪）と預合いに応じた銀行（応預合い罪）は，ともに刑事罰を課される（965条）。

② 見せ金とは

発起人が払込取扱機関以外の者から実際に借り入れた金銭を株式の払込にあて，会社成立後それを引き出して借入金の返済にあてることをいう。現実に金銭の動きがあり，払込がなされている点で預合いとは異なるが，会社に払い込まれた資金がすぐに借金の返済に消えてしまうため，払込としてはやはり無効とされる。

ただ，現実の払込があるため払込の仮装を認定するのが困難で，会社成立後，払込金返済までの期間が短いとか，それを会社の運営に使っていないなどの事実があれば，払込の仮装が疑われることになる。なお，見せ金の場合は，預合いと異なるので，罪刑法定主義（犯罪と刑罰は厳格に法定すべきとする考え方）により罰則はない。

## 4 設立中の会社

### (1) 設立中の会社とは

会社は設立登記によって法人格を取得し（49条），その時に初めて法人となる。設立登記がなされないかぎり，法律上会社は存在しないが，現実には発起人は会社の設立をめざしてさまざまな行為をする。設立登記までは会社が存在しないため，その行為の効果は形式的には発起人に帰属するほかないが，会社が成立すれば，そのまま成立した会社の法律関

係となる。このことを説明するために考えられたのが「設立中の会社」という考え方である。設立中の会社は，法人格なき社団（権利能力なき社団）と理解されている。

会社は，設立の登記をするまでは法人格を取得しないため，登記前の段階では権利能力をもたない。ただ，設立の過程にある会社（設立中の会社）も団体としての実体はある。登記によって成立した会社と設立中の会社は，その実体が同じであるということができるから（これを同一性説という），設立中の会社が取得した権利義務の効果は，そのまま成立後の会社に移転すると考えることができる。なお，この「設立中の会社」がいつ成立するかも問題となるが，団体としての実体が形成されたとき，すなわち定款が作成され，株式が1株以上引き受けられた時に成立するとされている。

### (2) 発起人組合と設立中の会社

発起人が複数いる場合には，発起人の間で会社の設立を目的とする「発起人組合」という民法上の組合（民667条）が形成されると考えられている。発起人組合は，会社の設立を目的として定款作成や株式引受人の募集など会社設立に必要な行為を行う。会社設立に必要な行為は，設立中の会社にとっては設立行為にあたるが，発起人組合にとっては組合契約を履行する行為になる。このように，発起人組合と設立中の会社との間には密接な関係があるが，あくまでも別個の存在である。

### (3) 発起人の権限

発起人は，設立中の会社の執行機関であるが，設立中の会社のために無制約に活動できるわけではない。発起人の行為は，設立中の会社の行

為とみなされ、設立後の会社に帰属するので、設立後の会社の財産的基礎が損なわれる危険が非常に高いため、発起人の権限の範囲を限定する必要がある。一般には、定款作成、創立総会の招集など「設立を直接の目的とする行為」や、設立事務所の賃借や事務員の雇用など「設立に必要な行為」は、発起人の権限内の行為であるとされる。

　問題は、原材料や商品の仕入れなど営業を開始するための準備行為（開業準備行為）も発起人権限内かどうかである。発起人は、会社の設立のために働くものであり、会社設立に必要な行為ができるのはもちろんである。しかし、開業準備行為は設立を前提とした営業行為の一部と考えられるので、原則として発起人には開業準備行為はできないというのが大方の見解である。もっとも、開業準備行為の一種とされている財産引受け（28条2号）についてはその必要性の大きさから、厳格な法の要件の下で許されている。これは、発起人に大きな権限を付与することで開業をスムーズにするか、財産的基礎の確実な会社設立を優先するかのいずれを重視するかという問題である。

## 5　変態設立事項と現物出資の緩和

### (1) 変態設立事項（危険な約束）とは

　これは、会社財産を危うくする事項として特別の手続を要するものをいう。従来から、変態設立事項（28条、旧商法168条）として法律に列挙された一定の行為については、定款に記載しなければ効力が認められないとされてきた（相対的記載事項）。また、変態設立事項については裁判所が選任する検査役による調査が行われてきたが（33条1項、旧商法173条）、この調査は徐々に緩和されてきた。変態設立事項の中で重要なもの

は，以下の4つである。

① **現物出資**（28条1号）

　金銭以外の財産（動産・不動産など）をもって出資することをいう。現物出資をする場合，目的物が過大に評価されると会社の財産的基礎を害し，他の株主との間で不平等になるおそれがあるため，厳格な扱いが必要とされる。

② **財産引受**（同条2号）

　発起人が，会社成立後に財産を譲り受ける契約をいう。財産引受は，出資行為ではないが現物出資の規制を免れるために行われる可能性がある。目的物の過大評価により会社財産を害する危険があり，また，他の株主との不平等を招く危険があるため厳格な扱いが必要とされている。

③ **特別の利益・報酬**（同条3号）

　発起人が成立した会社から受け取る報酬などの特別の利益である。会社設立の企画者である発起人に，功労金や報酬として過大に金銭などが支払われれば，会社財産を危うくすることになる。

④ **設立費用**（同条4号）

　発起人が会社設立のために支出した費用をいう。設立費用について，発起人の自由判断に任せると，会社が不相当な負担を負う危険があるため，厳格な扱いが必要とされる。したがって，定款の認証手数料のように濫費の危険がない費用は，これから除外される。

## (2) 現物出資規制の緩和

現物出資については，実務上使い勝手が悪かったことから，次のような改正がなされた。

### ① 少額特例の要件緩和

これまで，現物出資の総価額が会社の資本金の5分の1を超えず，かつ，500万円を超えない場合には，検査役の調査を不要としていた（旧商法173条2項1号）。会社法では，さらに規制を緩和し，「会社の資本金の5分の1を超えず」という要件をはずし，500万円を超えなければよいということになった（33条10項1号）。資本金の少ない会社にとって，従来の要件は厳しかった。

### ② 有価証券の特例範囲の拡大

有価証券については，「取引所の相場のある有価証券」であれば，過大な評価によって会社の財産確保を害する危険性がないことから，定款記載の金額が相場価格を超えない限り，検査役の調査は不要とされていた（旧商法173条2項2号）。この有価証券の範囲が取引所に限らず店頭市場も含めた「市場価格のある有価証券」まで拡大された（33条10項2号）。

### ③ 発起人と取締役の責任緩和

現物出資については，実際の金額が不足していた場合には，発起人・取締役は不足分の塡補責任があり，この責任は無過失責任とされてきた（旧商法192条ノ2）。会社法では，発起人・取締役が過失のないことを証明できれば，この責任を免れられる（52条2項2号）。

## 6 事後設立の緩和

### (1) 事後設立とは

通常の設立手続によって設立された会社が，会社成立後2年以内に，その成立前から存在する財産であって，その事業のために継続して使用するものを取得する契約のことである（467条1項5号）。旧商法246条1項では，資本の20分の1以上にあたる対価で取得する場合について，総会の特別決議を要求した。会社の財産取得は，本来，経営者である取締役会で決定すべきことである。しかし事後設立は，現物出資や財産引受の厳格な手続を免れる方法として利用される危険がある。そこで，会社の財産的基礎を害しないように，旧商法では，株主総会の特別決議と裁判所の選任する検査役の調査を必要とした（旧商法246条1項2項）。

### (2) 事後設立規制の問題点

経営者にとって本当に営業のために必要なことができないというのもまた不都合である。たとえば，多額の設備投資が必要な事業形態をとっている会社でも，成立後2年以内は，厳格な手続を経なければ，一切の設備投資ができないというのは非現実である。外部の検査役の調査を入れることにも抵抗感がある。また，会社の設立当初だけ監督を厳しくしても，その後の会社の健全性が保証されるわけでもない。そこで，厳格な事後設立の規制を免れるために，資本の20分の1にならないように，分割して目的物を譲り受けたり，売買ではなく賃貸借のかたちがとられたりした。また，会社成立後2年以内とならないように，休眠している会社をそのまま利用して営業を始めることもあった。

### (3) 事後設立の規制緩和

そこで，平成14年の商法改正により，弁護士・公認会計士・税理士（不動産の場合は不動産鑑定士）などの証明があれば，厳格な手続をしなくてもよいとされた（旧商法246条3項）。会社法では，さらに以下の2点につき改正をしている。

① 株式会社の成立後2年以内に一定規模以上の財産を譲り受ける場合における検査役の調査制度が廃止された。
② 株主総会の決議を要するかどうかについては，事業全部の譲受けにつき株主総会の決議を要するかどうかの基準と同様，事後設立の価額がその譲受会社の純資産額（法務省令で定める方法により算定）の「5分の1以上」の場合に，株主総会の特別決議が必要とした（467条1項5号）。従来の「20分の1以上」から大幅に緩和された。

## 7 払込保管証明の緩和

### (1) これまでの払込保管証明制度とは

会社設立の登記の際には，払込金保管証明を添付することが義務づけられていた。この保管証明には費用と時間がかかり，しかも会社は設立後でなければ，運転に必要な資金を払い込んだ銀行から引き出すことができない。

### (2) 払込保管証明の緩和と払込取扱機関の拡大

会社の設立手続が終了するまで，払込金の返還は受けられないというのは会社債権者の保護にとってはよいが，不便もある。たとえば会社の

成立後，払込金の返還を受けるためには，それまでに登記簿謄本または登記事項証明書の交付を受けて提出しなければならない。経営者としては，すぐにでも資金を活用して営業を開始したいが，これらの手続は面倒である。

そこで会社法では，発起設立の場合には，払込があったことの証明手段を払込金保管証明に限定せずに，「残高証明」などで足りるとしたが，募集設立の場合については，従来のままである (64条)。なお，払込取扱機関を銀行・信託会社だけではなく，これに準じるものとして法務省令（会社法施行規則7条）で定めるもの（商工中金・信用金庫など）にも拡大することにしている (34条2項)。

## 8　会社設立に関する責任

### (1) 発起人等の責任

　発起人は会社設立の企画者であり，設立中の会社の執行機関でもある。発起人が，会社の設立を途中で放棄することになれば，関係者に大きな損害が生ずる。同じことは，設立時取締役にもいえる。そこで，発起人や会社設立当時の取締役に対して重い賠償責任を課している。もっとも従来，最低資本金制度があったために，会社設立時の財産充実に対する責任は厳格であったが，会社法では撤廃したので，その責任は大幅に緩和された。

### (2) 会社財産の塡補責任

　現物出資や財産引受の目的となる財産の価額が定款に記載された額よりも著しく不足する場合，発起人および設立時取締役は，連帯して不足

額を塡補する責任を負う (52条1項)。もっとも，検査役の調査を経ていた場合や，過失のなかったことを証明した場合には，免責される (同条2項)。

### (3) 損害賠償責任

発起人等は，通常期待される程度の注意をもって慎重に任務を遂行しなければならず，任務の遂行を怠ったときには会社に対して損害賠償責任を負わなければならない。また，発起人等は，その任務について悪意または重過失で第三者に損害を与えたときには，第三者に対して，連帯して損害賠償責任を負うことになる (53条1項2項)。

### (4) 会社不成立の場合の責任

株式会社が成立しなかった場合，発起人は，連帯して，会社の設立に関する行為について責任を負い，会社の設立にかかった費用を負担しなければならない (56条)。

## 9 法人格否認の法理

### (1) 法人格否認の法理とは

法人を作ることの最大のメリットは，団体をその構成員とは別個独立の権利義務の主体にできることであり，これによって団体の財産と構成員個人の財産とを仕分けできる。しかし，法人のメリットを享受するには，法人となるのにふさわしい実体をもつ団体であり，かつ社会的にも法人となるような価値が認められた団体に限られる。

そこで，法人となっている団体が，法人となるのにふさわしい実体を

欠いている場合，または社会的に法人となるような価値を認めがたい場合に，その事案を解決するという限度で法人としての独立性を否定し，法人と団体の構成員とを法律上同一視する理論が法人格否認の法理である。たとえば，個人企業が会社になっているにすぎない場合，取引の相手方から見ると，事業主個人と契約しているのか，会社と契約しているのか判然としないことがある。また，実体は個人企業にすぎず，本来は個人として責任を負うべきなのに，法人格をたてに責任を免れようとすることもある。このような場合に，会社と個人とが別個の存在であるとすると，取引の相手方の保護に欠けることになる。そこで，このような場合に，法人としてのメリットを奪ってしまい，構成員の個人責任を追及させるところに，この法理の機能がある。

### (2) 法人格否認の法理の適用要件

会社法に規定のないこの法理は，法人の財産と構成員個人の財産の分離という法人制度の利点を否定して，構成員個人の責任を追及しようというものであるため，安易にこの法理の適用を認めると，手続さえ踏めば会社の設立は原則自由であるという準則主義に反することになりかねない。そこで，この法理の適用には，慎重さが求められるべきで，判例は，法人格否認の要件として，①法人格がまったくの形骸にすぎない場合や，②それが法律の適用を回避するために濫用されている場合をあげている。

### (3) 法人格形骸化・濫用の具体例

法人格が形骸化している場合とは，法人となるのにふさわしい実体を欠いている場合であり，たとえば，単独株主が会社を完全に支配し，会

社と個人の財産・業務が混同している場合などがある。ただし，わが国の会社の実態が，身内や知人仲間による個人企業の法人成りであることから，法人格が形骸化しているという理由だけで，法人格否認の法理を適用することには慎重でなければならない。

　法人格が濫用されている場合とは，社会的に法人となるような価値を認めがたい場合である。法人格の濫用の具体例としては，たとえば，法人格を利用して法律を回避・潜脱したり，契約上の義務を回避したりする場合がある。

## *8* 持分会社の種類と特色

### 1 合名会社

#### (1) 設　　立

これは極めて簡単である。1人以上の社員になろうとする者が定款を作成し (575条)，設立登記をすれば (912条) 成立する (579条)。法人も社員になれる。

#### (2) 出　資　等

株式会社と異なり，社員無限責任のため，労務・信用出資も認められ，その種類は定款で定める (576条1項6号)。しかも，会社設立時での出資の履行も要しない。利益分配も自由である。無限責任社員に対しては，利益がなくても配当に制約はない。社員無限責任といえども，その責任は会社の責任を補完するに留まる (580条1項)。

#### (3) 業務の執行

各社員が業務執行の権利を有し義務を負うが，定款で例外を定めるこ

ともできる (590条1項)。その意思決定は，会議開催を条件としない。業務執行社員は，原則として代表権を有し (599条1項)，善管注意義務と忠実義務を負い (593条1項2項)，競業避止義務も負う (594条)。そして任務懈怠があれば，会社に対して損害賠償責任を負い (596条)，職務を行うにつき悪意または重過失があれば第三者に対して損害賠償責任を負う (597条)。

### (4) 退社の制度

社員は自由に退社でき (606条)，退社すると持分の払戻しを受ける (611条)。株式会社と異なり社員無限責任のため，このように出資の払戻しが認められる。

### (5) 会社の終了

解散事由は持分会社に共通する (641条)。他の持分会社への変更は，総社員の同意による定款変更によりできる (637条・638条1項)。これは，組織変更ではない。

## ② 合資会社

### (1) 合名会社との違い

この会社は，合名会社に有限責任社員が加わった形態のもので，有限責任社員については，出資額および履行した額を登記しなければならない (913条7号)。有限責任社員がいなくなると合名会社に，無限責任社員がいなくなれば合同会社に，それぞれ移行する定款変更したものとみなされる (639条)。

### (2) 有限責任社員

その社員の出資の種類は，金銭等に限られる(576条1項6号)。したがって，労務・信用出資はできない。会社債権者に対して直接責任を負うが，出資額の範囲に限定される(580条2項)。合資会社には無限責任社員が存在するが，有限責任社員については，配当に財源規制がある（623条）。

## ③ 合同会社

これは，対外的には株式会社と同様に社員が間接有限責任のみを負い（576条4項），対内的には民法上の組合と同様に出資者である社員自らが会社の業務の執行にあたる。アメリカのLLC(Limited Liability Company)という会社形態を参考にしたものである。このような会社類型の導入が議論された段階では，合同会社に課税せず出資者に直接課税するパススルー課税（構成員課税・組合課税）が議論されていたが，結局，当面は見送りとなった。他の会社類型と同様に合同会社も法人なので，法人税課税すべきというのが理由である。パススルー課税のメリットは，会社に損失が発生した場合にある。その場合に出資者は，その本業の利益と会社の損失とを損益通算（相殺）することによって，課税されないことになる。しかし，逆に会社に利益があると税負担が大きくなる可能性もある。

なお，パススルー課税の取扱いが適用される制度として，有限責任事業組合（LLP）がある。これは民法上の組合の特例として位置づけられ，匿名組合（商法535条）に近い。

(1) 業務の執行

合同会社では社員の個人的信用が重視されるため，原則として各社員が業務執行権をもつ（590条1項）。

① **業務執行社員**　合同会社の業務執行は，社員の過半数で決定する（590条2項）。ただし，会社の業務は各社員が単独で行う（同条3項）。もっとも，定款で，社員の一部だけを業務執行社員とすることができる。

② **法人が業務執行社員になる場合**　さらに，法人を業務執行社員にすることも認められる。その場合，その法人は，自然人（個人）の職務執行者を定める必要があり，職務執行者を選任したときは，その氏名・住所を他の社員に通知しなければならない（598条1項）。職務執行者については，業務執行社員と同一の取扱いをすることになる（同条2項）。

③ **業務執行社員の責任**　業務執行社員は，合同会社に対して善管注意義務と忠実義務を負う（593条1項2項）。

④ **業務執行社員の責任を追及する訴え**　合同会社の社員は，業務執行社員の合同会社に対する責任を追及する訴えを提起することができる。そして，その訴えについては，株式会社の代表訴訟と同様の扱いがなされる（602条）。

⑤ **業務執行社員の第三者に対する責任**　合同会社の業務執行社員の第三者に対する責任については，株式会社の取締役の第三者に対する責任の規定と同様の規定が設けられている（597条）。

### (2) 計　　算

合同会社の計算書類，利益分配については，株式会社と同様の規制が課される（625条以下）。

① **貸借対照表，損益計算書の作成**　合同会社の社員は，株式会社と同様に有限責任なので，会社債権者を保護するために，会社財産を確保する必要がある。そのため，会計処理には，株式会社と同様の厳格さが必要とされ，合同会社は貸借対照表，損益計算書，および社員持分変動計算書を作成する必要がある。そして，合同会社の債権者は，その閲覧または謄写の請求をすることができる（625条）。

② **剰余金の分配規制**　出資者への剰余金の分配については，株式会社と同様の財源規制がなされる（628条）。違法配当が行われた場合の社員の責任も同様である（629条）。

### (3) 社員の退社

合同会社の社員は，やむを得ない事情があるときは，定款の定めにかかわらず退社できる（606条）。その際に，持分の払戻しを受けることができる（611条1項）。持分の払戻しに際して払い戻す金銭などの額が剰余金の額を超える場合には，業務執行社員の決定（業務執行社員が複数いる場合には，その過半数の同意）によって，債権者保護手続（帳簿上の純資産額を超えて払い戻す場合には，清算手続に準じた手続）を経て，払戻しを行わなければならない（635条）。これに違反して払戻しをしたときは，すべての業務執行社員は，その払い戻した額につき弁済責任（過失責任）を負う（636条1項）。

# *9* 会社の組織再編はどうする

## 1 組織再編の弾力化

### (1) 組織再編手続の見直し

　事業の拡大・縮小に伴い，会社の組織再編が必要となる。これまで，持株会社の解禁，株式交換・株式移転，会社分割制度の創設など，多くの改正が行われたが，さらに手続を簡易・迅速に行いたいという実務界からの強い要請があった。これに応えて会社法では組織再編の弾力化を実現した。この組織再編にあっては，既存株主や会社債権者の保護への配慮も忘れてはならない。

### (2) 改正点の概要

　これまでの組織再編制度としては，①合併，②事業譲渡，③分割，④株式交換・株式移転などがあるが，その手続が面倒で不便な点もあった。会社法は，その手続を簡易にして迅速化を図るとともに，より幅のある組織再編ができるようにした。また，簡易組織再編行為の要件を緩和したり，一定の支配関係のある会社の組織再編につき略式組織再編行為の

特則を設けて，簡易かつ迅速な組織再編を実現した。さらに，会社の種類が増えたことに伴い組織変更の手続を整備し，定款の定めにより会社の実体に即した運営を行えるようにしている（定款自治の拡大）。

## ② 合　　併

### (1) 合併とは

　複数の会社が契約により1つの会社になることを合併という。これには2つの方法があり，存続すべき会社に他の会社が吸収される「吸収合併」（2条27号）と，複数の会社を新設の会社にまとめる「新設合併」（2条28号）とがある。新設合併は，吸収合併に比べて手間も費用もかかり，旧会社の有した許認可などの引継もできないため，実際には，吸収合併の形をとることが多い。合併は，企業の競争力の強化，市場占有率の拡大などさまざまな目的で行われる。合併の方法によると，すべての権利義務を包括承継するため，当事会社の資産・負債が完全に一体化する。合併の結果，一部または全部の会社が解散によって消滅すると法律構成されるため，合併は消滅する会社にとっては解散の一事由である（471条4号）。

### (2) 合併の手続

　合併をするにはまず，合併契約書を作って，合併契約を締結する（吸収合併748条・749条，新設合併748条・753条）。合併により消滅する会社（消滅会社）と吸収合併における存続会社とでは，原則として株主総会の特別決議を経る必要がある（吸収合併の消滅会社783条・784条，存続会社795条・796条，新設合併の消滅会社804条，309条2項12号）。合併により，存

続会社または新設会社が消滅会社の権利義務をまとめて引き継ぐ（吸収合併750条1項，新設合併754条1項）。存続会社の新株が発行され，新設会社が成立する。消滅会社の株主はそれらの株式を取得して株主となる。

### (3) 反対株主の株式買取請求権

反対株主には公正な価格での株式買取請求権が認められている（吸収合併の消滅会社785条・786条，存続会社797条・798条，新設合併の消滅会社806条・807条）。新株予約権買取請求についても規定が整備されている（787条・788条）。

### (4) 債権者保護手続

合併は会社債権者にとっても重大な影響を及ぼすものであるから，合併に異議のある会社債権者は，会社に対し，異議を述べることができる。異議を無視された会社債権者は，新設会社または存続会社を被告として，その本店所在地を管轄する地方裁判所に合併無効の訴えを提起することができる（吸収合併の消滅会社789条，存続会社799条，新設合併の消滅会社810条）。この無効の主張を制限するため，提訴権者は限定される（828条2項7号8号）。

### (5) 登　　　記

吸収合併をしたときは，その効力が生じた日から2週間以内に登記をしなければならない（921条）。新設合併についても同様である（922条）。

### (6) 株主総会の承認を要しない場合

吸収合併における消滅会社が，存続会社の支配下にあるなど特別な支

配関係にある会社（特別支配会社。468条1項）の場合には，消滅会社での株主総会の特別決議は原則として不要である（784条1項）。これが略式組織再編である。また，消滅会社の株主に交付する額が存続会社の純資産額の5分の1を超えない場合には，原則として存続会社での総会決議を不要とする（796条3項）。これを簡易組織再編という。

## ③ 事業譲渡

### (1) 事業譲渡とは

事業譲渡（旧商法での営業譲渡）は，会社の事業の全部または重要な一部を譲渡することである（467条1項1号2号）。ここでいう「事業の譲渡」とは，「一定の営業目的のために組織化され，有機的一体として機能する財産」の譲渡であるとされ，これによって譲渡会社が競業避止義務を負う場合に限定しないというのが，近年の学説である。譲渡会社が競業避止義務を負わなくても，譲渡の結果，譲渡会社に重大な影響が生じるようなものの譲渡であれば，譲渡会社の株主保護の要請があるといえる。そのために，株主総会の特別決議を有効要件とした（467条1項・309条2項11号）。

事業譲渡の対象となる財産には，動産や不動産のような形あるものだけでなく，得意先やノウハウといった無形の財産も含まれる。なお，旧商法では，個人商人・会社を問わず「営業譲渡」という用語が使われていたが（旧商法25条・245条），会社法では「事業譲渡」（21条・467条），個人商人には平成17年改正後の商法でも「営業譲渡」の用語が充てられ区別されている（商法16条）。

### (2) 事業譲渡の手続

　事業譲渡をするには，譲渡会社で取締役による決定または取締役会の決議の後，事業の全部の譲渡の場合（467条1項1号），または，事業の「重要な一部」の譲渡の場合（同条項2号）に，その効力発生日の前日までに，原則として株主総会の特別決議を経る必要がある（309条2項11号）。ただし，事業の「重要な一部」であっても，譲渡資産の帳簿価額が譲渡会社の総資産額として法務省令で定める方法で算出される額の5分の1（これ以下を定款で定める場合はその割合）以下の場合は，総会の承認を要しないと規定された（467条1項2号）。これが簡易事業譲渡である。なお，事業譲渡の場合には，包括承継の合併と異なって，事業に属する個々の資産につき，個別の移転手続と登記が必要となる。

　なお，総会決議を経ない事業譲渡の効果は，総会決議があったと譲受人が信じた場合であっても無効とされてきたが，問題である。善意の相手方を保護するよう解決すべきであろう。

### (3) 事業譲受けの手続

　事業の譲受けについては，譲受会社が他の「会社の事業の全部」を譲り受ける場合に限って，譲受会社で総会の特別決議を要する（467条1項3号・309条2項11号）。ここでいう会社には，外国会社その他の法人が含まれる。このように会社の事業譲受けに限定しているため，いかに大規模な事業譲受けであっても，それが個人企業の事業であれば，総会決議を要しないこととなり，旧商法当時からこれは譲受会社の株主保護に欠けることが危惧されたが，会社法でも同様に定められている。なお，事業全部の譲受けであっても，それが小規模であれば総会決議を不要とす

べきであるため，対価として交付する財産の帳簿価額の合計額が，譲受会社の総資産額の5分の1以下（これ以下を定款で定めればその割合）である場合には，原則として譲受会社での総会の承認決議は不要となる（468条2項）。これが簡易事業譲受けである。

### (4) 特別支配関係にある場合

事業譲渡・譲受け契約の相手方が当該事業譲渡等をする会社の特別支配会社である場合には，上記の総会決議を要しない（略式組織再編）。特別支配会社とは，ある株式会社の総株主の議決権の10分の9以上を直接または間接に保有している会社である（468条1項）。このように支配されている会社で総会決議が省略されるのは，いずれにせよ議案が可決されることが明らかであるからとされる。

### (5) 反対株主の株式買取請求権

反対株主の経済的利益を保護するため，反対株主には，公正な価格での株式買取請求権が認められている（469条1項）。ただ，事業の全部を譲渡して会社が解散する場合には，株式買取請求はできない（同条項但書）。買取の価格については，株主と会社との間の協議により決定し，事業譲渡の効力発生日から30日以内に協議が調わないときには，株主または会社は，それから30日以内に裁判所に価格決定の申立てをすることができる（470条2項）。

### (6) 事業全部の賃貸等

事業全部の賃貸・経営委任，他人と事業上の損益の全部を共通にする契約などの締結・変更・解約，事後設立についても，株主総会の特別決

議が必要であり（467条1項4号5号・309条2項11号），反対株主には株式買取請求権が認められている（469条）。

### (7) 会社・商人間での事業譲渡・譲受け

会社が商人に対して事業を譲渡した場合は商法17条および18条を適用し，会社が商人の営業を譲り受けた場合には，会社法22条および23条を適用する（24条）。

## 4 会社の分割

### (1) 会社の分割とは

会社の事業を複数の会社に分けることである。分割の後も，もとの会社は存続しており，当然には消滅しない。会社分割には，分割する会社（分割会社）の「事業」に関する権利義務の全部または一部を他の既存会社（承継会社）に引き継がせる場合（吸収分割2条29号）と，新しい会社（新設会社）に引き継がせる場合（新設分割2条30号）がある。会社の不採算部門や新商品の開発部門などを独立させることによる経営効率の向上や，他社の同部門との合弁事業の設立など，さまざまな事業再編の目的で利用される。会社分割の対象である事業の意義は，事業譲渡の「事業」概念に近いものと考えられる。

なお，会社分割の対価（株式等）の交付先によって，これまでは，対価が分割会社に交付される「物的分割」（分社型分割）と，分割会社の株主に交付される「人的分割」（分割型分割）と呼ばれるタイプがあったが，会社法は，人的分割については対価が分割会社に交付された後で，それを分割会社からその株主に剰余金が配当されると構成した（792条参照）。

その結果，会社法上の会社分割は，かつての物的分割に一本化された。

### (2) 会社分割の手続

この手続の流れは，合併の場合と同様であり，分割契約書（吸収分割の場合757条・758条）または分割計画書（新設分割の場合762条・763条）を作成し，各当事会社において，効力発生日の前日までに，略式・簡易手続の場合を除いて，株主総会の特別決議を経る必要がある（吸収分割の場合783条1項・795条1項，新設分割の場合804条1項，なお，309条2項12号）。分割により，分割会社の事業に関する権利義務の全部または一部は，承継会社または新設会社に移転する（759条1項・764条1項）。

### (3) 反対株主の株式買取請求権

事業譲渡の場合と同様，反対株主には株式買取請求権が認められている（785条・797条・806条）。

### (4) 債権者保護手続

会社分割は会社債権者にとっても重大な影響を及ぼすものであるから，分割に異議のある会社債権者は，会社に対し，異議を述べることができる。異議を無視された会社債権者は，分割会社と新設会社または承継会社を被告として，その本店（本社）所在地を管轄する地方裁判所に分割無効の訴えを提起することができる（789条・799条・810条）。提訴権者は，無効の主張を制限する趣旨から，限定される（828条2項9号10号）。

### (5) 株主総会の承認が不要な場合

吸収分割における分割会社が，承継会社の支配下にあるなど特別な支

配関係にある会社である場合には，株主総会の特別決議は原則として不要である（784条1項）。これが略式組織再編である。新設分割の場合，新設会社に承継される資産帳簿価額が分割会社の総資産額の20％を超えない場合も総会決議は不要である（805条）。これが簡易組織再編である。その他，吸収分割に関する784条3項および796条3項の規定にも，上記の説明が同様にあてはまる。

## 5 株式交換・株式移転

### (1) 完全親子会社とは

他の会社の発行済株式の全部をもっている会社を完全親会社といい，その場合の他の会社を完全子会社という。平成9年の独占禁止法の改正によって，持株会社（他の会社の株式を保有して支配すること自体を目的とする会社）が認められたことによって，完全親子会社を作ることができるようになった。株式交換・株式移転は，完全親会社を作るための制度である。親会社となる会社が，既存の会社である場合を「株式交換」といい（2条31号），それが新設会社である場合を「株式移転」という（同条32号）。

### (2) 株式交換・株式移転とは

株式交換とは，既存の会社を親会社とし，他の会社を子会社とするものである。たとえば，Xを親会社とし，Yを子会社とする場合，Yの株主全員の所有するYの株式をXに移転し，Yの株主であった者にXの株式（自己株式または新株）を割り当てる。これによりYはXの完全子会社となる。

株式移転は，新設会社を親会社とし，他の会社を子会社とするものである。たとえば，Yを子会社とし，新しく作るXを親会社とする場合，Xを通常の手続で設立し，Yの株主全員の所有するYの株式をXに移転し，Yの株主であった者にX発行の株式を割り当てる。これによりYはXの完全子会社となる。

### (3) 株式交換・株式移転の手続

合併や分割とほぼ同様の手続である。株式交換契約または株式移転計画を定めた後（株式交換767条・768条・770条，株式移転772条・773条），原則として株主総会の特別決議を経る必要がある（株式交換完全子会社783条・784条，株式交換完全親会社795条・796条，株式移転完全子会社804条）。ただ，株式交換の当事者となる会社に特別な支配関係がある場合など，株主総会の決議が不要となる場合もある（784条・796条）。反対株主の株式買取請求権（株式交換完全子会社785条，株式交換完全親会社797条，株式移転完全子会社806条），株式交換・株式移転無効の訴えがあるのも同様である（828条以下）。株式交換により完全親会社となる会社の債権者には，その保護手続があるのも同様である（799条1項3号）。

## 6 合併などの対価の柔軟化

### (1) これまでの組織再編

これまでは，組織再編の対価として株式が交付されており，金銭や一定の財産を交付するということは認められていなかった。しかし，状況によっては，金銭その他の財産を対価とした方が便利な場合もある。そこで，会社法は対価の柔軟化を図った。

## (2) 対価の柔軟化とは

会社法は，金銭その他の財産を対価として交付することを認めた（749条1項2号など）。それにより，次のような形での組織再編が可能となった（以下ではおもに吸収合併を念頭におく。吸収分割や株式交換もほとんど同じである）。なお，外資による敵対的買収を危惧して，対価柔軟化に関する規定は1年遅れの施行となる（附則4）。

### ① 交付金合併とは

これは，A社がB社を吸収合併する際に，B社の株主に金銭だけを交付する合併のことで，これにより，A社には株主数を増加させることなく，吸収合併をすることができるというメリットがある。

### ② 三角合併とは

これは，合併の対価が存続会社の完全親会社の株式であるため，3者が登場するので三角合併という。B社（A社の完全子会社）がC社を吸収合併するとき，B社はC社の株主に対して，親会社であるA社の株式を交付する。これによって，B社はA社との完全親子会社関係を維持したまま，C社を吸収合併できる。

### ③ その他の手法

この他にも，組織再編の対価として，一部を金銭で交付し，その残りとして他社の株式を交付するなど，経営戦略にあわせた多様な方法がある。

## 7　株主総会の承認を要しない組織再編

### (1) これまでの簡易組織再編

これまで組織再編が行われるときには、原則として、株主総会の特別決議が必要とされた。しかし、規模の小さな組織再編行為のように株主に与える影響が小さい場合でも、株主総会の特別決議が必要であるとするのでは硬直的にすぎる。そこで旧商法でも、組織再編を簡易に行えるような制度があった。簡易吸収合併、簡易吸収分割、簡易株式交換の各制度である。しかし、その適用要件が厳しく、緩和が求められた。すでに個別に説明したが、以下にまとめておこう。

### (2) 簡易組織再編の要件緩和（5％基準から20％基準へ）

会社法では、吸収合併、吸収分割、株式交換のほか、既述のとおり事業譲渡についても、株主総会の承認決議を不要とする場合を認めている。また、簡易組織再編として株主総会の承認を要しない場合の要件を従来の5％から20％に緩和することにした。たとえば、事業全部の譲受けの場合に、譲受けの対価の総額が純資産額の20％以下であれば、譲受会社の総会決議を省略することができる（468条2項）。

### (3) 簡易組織再編に反対する株主の異議要件

これまでも、簡易合併などに反対する株主は、総株主の議決権の一定割合以上の議決をもって、合併に反対の意思表示ができた（旧商法358条8項・374条ノ23第8項・413条ノ3第8項）。そのような意思表示がなされた場合には、原則に戻って株主総会の決議が必要となる。これを反対株

主による「異議」という。会社法でも，法務省令で定める数の株式をもつ株主が，吸収合併などに反対する旨の通知をした場合には，株主総会の決議が必要になる（796条4項）。

### (4) 特別支配関係と略式組織再編行為

支配関係がある会社間で組織再編をする場合に，常に被支配会社の株主総会で特別決議を要求しても，支配されているために議案の可決が明らかである。そこで会社法では，支配関係のある会社間で組織再編行為を行う場合に，略式組織再編制度を設けている。たとえば，総株主の議決権の90％以上を保有している会社を吸収合併する場合には，被支配会社における株主総会の決議を不要とした。このような子会社で株主総会を行っても結論が変わるはずがない。事業譲渡・譲受けの当事会社（468条），吸収合併消滅会社・吸収分割会社・株式交換完全子会社（784条1項・796条1項）などがその対象となる。

この略式組織再編の制度を導入した結果，支配会社が被支配会社の株式の90％を取得すれば，支配会社が任意に被支配会社を吸収合併することができ，また株式交換により完全親子会社関係を形成することが可能となるため，実務にも大きな影響を与える。

### (5) 略式組織再編の差止め

略式組織再編手続では，被支配会社では株主総会が開かれないため，問題があっても総会決議取消（831条1項）もできない。そこで，被支配会社の株主は，①その略式組織再編行為が法令または定款に違反している場合または，②著しく不当な条件で略式組織再編行為が行われることにより不利益を受けるおそれがある場合には，裁判所にその略式組織再

編行為の差止めを請求することができる（784条2項・796条2項）。

## ⑧ 組織再編行為と差益・差損

### (1) 差益が生じる場合

　組織再編行為により差益が生じる場合がある。たとえば，吸収合併の場合に，消滅会社の純資産から存続会社の資本額と合併交付金を差し引いた額（合併に際して，消滅会社の財産の譲受けの対価として消滅会社の株主に支払った残余額）が発生した場合，これを合併差益といい，存続会社における剰余金となる。これまでは，消滅会社から承継した剰余金については，存続会社において資本準備金とするのが原則であった。ところが，会社法では，資本金または準備金の増加しない組織再編行為ができるので，合併差益は自由に処分可能な剰余金とすることが認められる。

### (2) 差損が生じる場合

　たとえば，A社がB社を吸収合併する場合に，B社が経営不振に陥り，債務超過会社となったために救済する必要がある場合とか，B社が債務超過会社でなくても，B社の株主への交付金が，A社の承継する純資産を超えること（その額を合併差損という）もある。会社法では，存続会社に「合併差損」が生じるような合併でも，株主総会決議を経れば，それが可能であるとした（795条1項2項）。

## 9　組織変更・定款の変更

### (1) 組織変更ができる場合

　組織変更とは，会社としての同一性を保ちながら，他の種類の会社形態に変更することである（2条26号）。これまでの組織変更は，人的会社同士，物的会社同士でしか認められず，合名会社から合資会社，合資会社から合名会社，旧有限会社から株式会社，株式会社から旧有限会社といった変更はできたが，合名会社や合資会社を株式会社にするようなことはできなかった。会社法は，会社形態を整理し，株式会社から持分会社（合名会社，合資会社，合同会社）への変更，持分会社から株式会社への変更もできることとした（2条26項）。なお，持分会社の相互間での会社の種類変更は，組織変更ではなく定款変更の手続によることに留意すべきである（638条・639条）。

### (2) 組織変更の手続

　会社は組織変更計画を作成し（743条），これを公示（備置・閲覧）しなければならない（775条）。次に，組織変更計画について総株主（株式会社の場合776条1項）または総社員（持分会社の場合781条1項）の同意を得なければならない。同意を得られた場合，組織変更計画で定めた日にその効力が発生し，組織変更がなされる（745条1項・747条1項）。

### (3) 債権者保護手続

　株式会社が持分会社に組織変更する場合には，その新株予約権者は持分会社から排除されることになるため，その株式会社に新株予約権の公

正価格による買取を請求することができる（777条・778条）。また，会社債権者は，組織変更について異議を述べることができ（779条1項），株主・社員・会社債権者などは，組織変更後の会社を被告として組織変更無効の訴えを提起することができる（828条1項6号2項6号・834条1項6号）。

### (4) 定款変更の手続

定款を変更するには，原則として株主総会の特別決議を経る必要がある（466条・309条2項11号）。ただし，株式全部の譲渡を制限する旨の定款を定める場合には，株主の半数以上で，かつ議決権の3分の2以上の多数による株主総会の決議が必要である（309条3項1号）。

## 10 企業買収防衛策

### (1) 敵対的買収とは

相手方となる企業の経営陣の同意を得ないままになされる買収のことである（その同意のある場合を友好的買収という）。企業の買収は，事業の効率化や国内外における競争力強化を図るためになされることも多く，無能な経営陣を交替させるためにも否定されるものではない。しかし，会社経営は相互に連携し合い協力してなされるものであるから，相互理解がなければ再編後の企業が円滑に経営を行っていくことは難しいのも事実である。

企業買収は，相手方企業の株式を取得して，議決権の過半数を手に入れれば，簡単に実現できる。株式を上場している会社であれば，いつ誰から敵対的買収を仕掛けられても不思議はない。完全にこれを避けたい

のであれば，特に資金調達上の必要がない限り株式を上場すべきでない。敵対的買収から企業を守るためには，平時に事前の準備を整えておく必要がある。買収を仕掛けられた有時に防衛策を講じると現経営陣の保身とみられ，その正当性が疑われる。

## (2) ポイズンピルとは

会社法では，敵対的買収の防衛策として，さまざまな方法をとることを可能にしている。その代表的なものとして，定款の定めによって，敵対的買収者の議決権比率を低下させるという方法がある。これは，「ポイズンピル」(毒薬条項，ライツプラン) と呼ばれる。その実行方法には以下のようなものがあるが，特に株主平等の原則に反しないかが議論の的となるため，その活用に際しては留意する必要がある。

### ① 新株予約権の活用

買収者が一定割合以上の株式を買い占めた場合には，買収者の新株予約権が消滅し，かつ買収者以外の株主には自動的に株式が発行されるような「新株予約権」を発行することができる。あらかじめ株主全員に新株予約権を付与しておけば，敵対的買収が行われた際に買収者の議決権の割合を減少させることができる。しかし，買収者も株主であり，その者の権利だけを劣後的に扱うこの制度は，株主平等原則との関係で議論の余地が残される。

### ② 取得条項付株式（強制転換条項付株式）の活用

一定割合以上の株式を買い占めた買収者の株式を強制的に取得して，議決権制限株式に転換することができるような株式を発行しておくこと

ができる（108条1項6号）。これまでは，すでに発行された株式の内容を一挙に変更するための手続がなかったが，会社法のもとで新たに手続が設けられた。これは，これまで強制転換条項付株式と呼ばれたものである。

### ③　種類株式の活用

　友好的な株主に「黄金株」と呼ばれる特殊な株式を発行しておくという方法である。黄金株とは，株主総会の合併承認決議や取締役の解任決議に対して拒否権を与えられた拒否権付株式である（108条1項8号・323条）。従来は，一部の種類の株式についてだけ譲渡制限をかけるということが認められていなかったため，黄金株が友好的株主以外の者に譲渡されてしまうと，それを悪用される危険があった。しかし，会社法では一部の種類の株式についてだけ譲渡制限をかけることができるようになったので，黄金株を有効に活用することができる。

### (3)　その他の企業防衛策

　たとえば，定款で合併承認決議の要件を厳しくするとか，また定款で取締役の解任決議要件を厳しくするなどの方法もある（309条1項2項）。後者のように，決議要件を厳しくしておけば，敵対的買収者が容易に旧経営陣の一掃を図ることを防ぐことができるが，それによって無能な経営者を温存することとなれば，結果的に株主の利益に反することもありうる。

# *10* 会社の解散・清算はどうする

## 1 解　散

### (1) 解散事由

　会社の解散は，会社が営業活動をやめて法人格を消滅させることであるが，解散によって直ちに会社が消滅するのではなく，清算手続が終了するまで，清算の目的の範囲内で会社は存続する（476条）。どのような場合に会社が解散するかについては，法律が規定している（471条）。株式会社の解散事由は，①定款で定めた存続期間の満了，②定款で定めた解散事由の発生，③株主総会の決議，④合併により会社が消滅する場合，⑤破産手続開始の決定，⑥裁判所による解散命令および解散判決である。

### (2) 会社の継続とは

　株式会社が上記①から③までの事由によって解散した場合には，清算が結了するまで，株主総会の特別決議によって，株式会社を継続することができる（473条・309条2項11号）。この会社の継続によって，解散して清算手続中の会社が解散前の状態に戻る。

### (3) みなし解散とは

　最後に登記があった日から12年を経過したものを「休眠会社」という（472条1項）。長期にわたって登記がなされない会社は，すでに営業を廃止して実体がなくなっている可能性が高い。そこで，休眠会社に対しては，法務大臣が官報で，2ヶ月以内に本店所在地を管轄する登記所に事業を廃止していない旨の届出をするよう公告する。その間に，届出がなかった場合には，2ヶ月の期間満了の時に解散したものとみなされる。これを「みなし解散」という。

### (4) 解散会社の合併等の制限

　会社が解散した場合，その株式会社は，①その会社が存続会社になる合併をすること，②吸収分割による他の会社がその事業に関してもっている権利義務の全部または一部を承継することができなくなる（474条）。

## ② 解散命令等

### (1) 会社の解散命令

　裁判所は次の各場合において，公益を確保するため会社の存立を許すことができないといえるときは，法務大臣または株主，社員，債権者その他の利害関係人の申立てによって，会社の解散を命じることができる（824条1項）。この解散命令は，会社非訟事件手続に基づく裁判所の決定である（870条13号）。
① 会社の設立が不法な目的に基づいてされたとき
② 会社が正当な理由がないのにその成立の日から1年以内にその事業

を開始せず，または引き続き1年以上その事業を休止したとき
③　業務執行取締役，執行役または業務を執行する社員が，法令・定款で定める会社の権限を逸脱・濫用する行為をしたり，刑罰法令に触れる行為をしたりした場合に，法務大臣から書面による警告を受けたにもかかわらず，その行為を反復・継続したときである。

　解散命令の申立てがなされた場合，裁判所は，申立てをした者に対して，相当の担保を立てるように命じることができる（824条2項）。嫌がらせなどの不当な目的で，根拠のない申立てがなされることを防止するためである。申立人がこの命令に従わなかった場合，裁判所は申立てを不適法であるとして申立てを退けること（却下）ができる（同条4項，民訴78条）。

### (2) 会社財産に関する保全処分

　裁判所は，解散命令の申立てがあった場合には，その申立てについて決定がなされるまでの間，会社の財産について，管理人による管理を命じる処分（管理命令）を下すことができる（825条1項）。裁判所が管理命令を出す場合には，管理人を選任しなければならない（同条2項）。

## ③　清算手続の合理化

### (1) 裁判所の関与の廃止

　清算手続とは，解散会社について，その法律関係を整理し会社財産を換価処分することで，解散した会社の後始末をすることである。これまでは，裁判所が清算手続を監督することとされていた。しかし，財産状態の不良な会社の清算手続（特別清算手続）と異なり，通常清算手続は，

裁判所の積極的な関与を必要とするものではなく，実際にも裁判所は財産目録などを受領するだけで清算人の業務遂行に積極的に関与しようとしないのが実情であった。そこで，会社法は，このような現実にあわせて，清算手続が裁判所の監督に服するという規定自体を削除し，さらには清算人の氏名などの届出・財産目録と貸借対照表の提出の制度も廃止した。

### (2) 清算中の会社の機関

清算中の会社（清算株式会社）の機関については，次のような改正がなされた（477条以下）。なお，清算中の会社が可能な行為は，清算手続に関するものだけである（476条）。

① **清算人会** これまでは，原則として取締役全員が清算人になるとされていたため（旧商法417条1項），清算人が複数存在した。そして，そのような場合には，清算人会の設置が義務づけられていた（同430条2項）。それに対して会社法では，清算手続の簡素化，迅速化を図るため，清算人が複数いても，清算人会の設置は必ずしも必要ではなくなった。その結果，各清算人が清算会社の機関となる。また，清算人は1人でもよい。清算会社の株主総会は，すべての事項を決議できる機関となる。

② **清算中の株式会社の監査** 大会社以外の株式譲渡制限会社には，監査役の設置は義務づけられないが，解散時に大会社であった株式会社や株式譲渡制限会社でなかった株式会社には，監査役を1名以上設置することが義務づけられる。清算中の株式会社の監査役については，任期の定めがない。

### (3) 清算中の会社がすべき公告

　清算手続における債権者保護は，債権申出の公告や所在が判明している債権者に対する個別の催告などで十分図ることができるため，会社法では，債権申出の公告の回数は1回とされ，決算公告は不要となった（499条1項）。

### (4) 残余財産の分配

　清算手続の結果，残余財産があれば，会社はそれを株主に分配する（504条）。会社法は，金銭以外の財産による残余財産分配が可能であるとした（505条1項）。ただ，各株主は，現物による残余財産分配に代えて，その価額に相当する金銭の分配を請求することも認められる（同条3項）。

### (5) 清算結了登記後の資料保存者

　これまでは，清算結了の登記後10年間は，会社の帳簿などの資料を本店所在地に保存し，裁判所にその保存する者の選任を求める必要があった（旧商法429条）。しかし，会社法では，原則として清算結了時の清算人が，結了後の重要資料を保存する義務を負うことになった（508条1項）。

## 11　会社の訴えの制度

### 1　会社の組織に関する訴え

#### (1) 組織に関する行為無効の訴えとは

これには，設立無効の訴えや新株・新株予約権発行の無効の訴え，自己株式処分無効の訴え，会社解散の訴えなど，さまざまなものがある。そこで以下，代表的な「設立無効の訴え」および「新株発行無効の訴え」について説明する。

#### (2) 設立無効の訴え

設立の過程に違法があっても，安易に設立を無効とすると会社をめぐる多数の関係者に大きな影響を及ぼすおそれがある。そこで，会社の成立の日から2年以内に提起すべきこととされている。無効を主張できる者も制限され，①株主，取締役または清算人，②監査役設置会社では株主，取締役，監査役または清算人，③委員会設置会社では株主，取締役，執行役，監査役または清算人に限定される。会社法では，さらに，株主が設立無効の訴えを提起した場合に，裁判所は，被告の請求により相当

の担保提供を命ずることができる（828条1項1号2項1号・836条1項・838条・839条）。

### (3) 新株発行無効の訴え

新株発行をめぐる法律関係の安定を図るため，新株発行無効の訴えという制度が設けられ，提訴期間や提訴権者などが限定されている。原則として，新株発行の効力が生じたときから6ヶ月以内に訴えを提起しなければならないが，公開会社でない株式会社の場合，提訴期間は1年以内に延長される。提訴権者は設立無効の訴えの場合と同じである（828条1項2号2項2号）。新株発行の無効判決が確定した場合，会社は，原則として，払込を受けた金額または現物出資の目的となった財産の価額に相当する金銭を株主に支払わなければならない（840条1項）。

## ② 株式会社役員解任の訴え

株式会社の役員（取締役・会計参与・監査役）の職務執行について不正な行為または法令・定款に違反する重大な事実があったにもかかわらず，その役員を解任する議案が株主総会で否決された場合，一定の株主（少数株主権）は裁判所に役員の解任を請求する訴えを提起することができる（854条1項）。役員はいつでも株主総会決議によって解任することができるが（339条1項），多数派株主によって選任された役員を総会決議によって解任することは，現実には相当難しい。しかし，不正な行為が放置されていては，会社や株主の利益にならない。そこで，少数株主権の1つとして，役員解任の訴えが認められている。

### ① 提訴権者

訴えを提起できるのは、a 総株主の議決権の100分の3以上の議決権を6ヶ月前から引き続きもっている株主、またはb 発行済株式の100分の3以上の数の株式を6ヶ月前から引き続きもっている株主に限られる（854条1項1号2号）。

b の要件は、会社法によって新たに設けられたものである。もっとも提訴権者の要件は、定款で緩和することもできる。なお、公開会社でない株式会社の場合は「6ヶ月前から引き続き」という期間の制限はない（同条2項）。

### ② 提訴期間・管轄

訴えは、解任決議を否決した株主総会の日から30日以内に提起しなければならない（854条1項本文）。役員の解任の訴えの被告となるのは、会社と役員本人である（855条）。訴えは、本店（本社）所在地を管轄する地方裁判所に提起する（856条）。

## ③ 会社の事件と非訟手続

会社に関する事件の多くは、非訟手続（868条－906条）で処理される。非訟とは、国が私人間の生活関係に介入して、調整を図る手続である。非訟は、原告・被告という形で当事者が対立するのではなく、非公開の簡易な手続によって処理される点に特徴がある。口頭弁論は必ずしも開く必要がなく、裁判所の決定によって判断がなされる。会社の解散命令や社債に関する事件、会社の整理・清算に関する事件など、会社に関する事件の多くは、「商事非訟事件」として非訟手続によって処理される。

商事非訟事件は，会社の本店所在地を管轄する地方裁判所に申立てをする。

これに対して，訴訟は，具体的事件に法を適用して紛争を解決する手続のことである。民事訴訟法や人事訴訟法によって処理され，口頭弁論を経て理由をつけた判決が下される。

# 12 会社総則・外国会社

## 1 登記・公告

### (1) 登記の効力

　会社の登記は，当事者の申請または裁判所書記官の嘱託によって，商業登記簿になされる（907条）。具体的な登記手続については，商業登記法に定められている。

　登記すべき事項は，登記をするまでの間は，善意の第三者に対して，事実の存在を主張することはできない（908条1項前段）。登記後は，善意の第三者に対しても登記事項を対抗できる（同条1項前段）。ただし，第三者が正当な事由によってその登記のあることを知らなかった場合は，登記事項の対抗はできない（同条1項後段）。また，故意・過失によって真実と異なる登記をした者は，それが真実でないということを知らない第三者に対抗することはできない（同条2項）。

### (2) 登記すべき事項

　会社の設立においては，会社の目的（事業内容），商号（社名），本店・

支店の所在場所などを登記する。株式会社の設立の場合は、その他に資本金の額、株式・新株予約権に関する事項、取締役の氏名、代表取締役の氏名・住所、取締役会設置会社である場合はその旨、監査役設置会社である場合はその旨と監査役の氏名、委員会設置会社である場合は各委員と（代表）執行役の氏名などを記載しなければならない（911条3項）。

支店所在地での登記事項が簡素化された。これまでは、支店の所在地においても、本店の所在地において登記した事項と、支配人の選任およびその代理権の消滅を登記する必要があった（旧商法10条・40条）。しかし、本店（本社）の所在地で登記すべき事項に変更がある度に、支店所在地でも同一の登記をするのは煩雑である。今日では、商業登記簿のコンピュータ化とオンラインシステムの整備により、支店所在地の登記所からでも本店所在地の登記所の登記簿にアクセスして、その内容を簡単に知ることができる。

そこで、会社法は、支店所在地で登記すべき事項を簡略化し、①商号、②本店の所在場所、③支店の所在場所、の3点を登記すればよいことになった（930条2項）。また、支配人の登記については、本店所在地の登記簿に、支配人とその支配人が代理権をもつ支店を登記するものとされた（918条、商業登記法44条2項2号）。なお、登記事項に変更があった場合には、2週間以内に本店所在地で「変更の登記」をしなければならない（915条1項）。また、組織変更や合併、分割、解散などがあった場合、その旨を登記する。

### (3) 公告方法

会社は、公告方法として、①官報に掲載する方法（原則）、②時事に関する事項を掲載する日刊新聞紙に掲載する方法、③電子公告のいずれか

を定款で定めることができる。会社が③の方法を公告方法とする場合でも、事故その他やむを得ない事由によって電子公告による公告をすることができないときには、①または②の方法で公告すると定めることができる（939条・911条－914条）。

## ② 類似商号規制の廃止

従来は、同一市町村内において、すでに会社名である商号の登記がなされている場合には、同一の営業のために、他の者がその商号や類似商号を登記することはできないとされていた（旧商法19条）。そのため登記の際に、類似の商号の有無や同一の営業にあたらないかの審査に手間がかかり、会社設立の障害になっていた。しかも、同一市町村という限定は今日もはや意味がなくなっている。そこで、この規制は廃止されることになった。

ただし、会社法の下でも、不正の目的をもって、他の会社であると誤認されるおそれのある名称または商号を使用することはできない（8条1項）。これに反する商号の使用により、営業上の利益を侵害され、または侵害されるおそれのある会社は、相手方に対して侵害の停止または予防を請求することができる（同条2項）。

## ③ 名板貸人の責任

会社Aが自社の商号を使用して事業を行うことを他人B（名板借人）に許諾すると、許諾した会社A（名板貸人）は、Bと取引したCが、自己の取引相手はAであると信じた場合（誤認）に、Bと連帯して取引によっ

て生じた債務を弁済する責任を負う（9条）。これが名板貸人の責任である。商号に誤認を生じる程度の同一性があれば足り，また黙示の許諾でもよいが，誤認につきCに重過失があれば，Aに対し責任追及はできない。

## ④ 会社の支配人・表見支配人

会社は支配人を選任し，その本店・支店で，その事業を行わせることができる（10条）。支配人は，その事業に関して包括的な権限を有し，その権限に制限を加えた場合，善意の第三者に制限したことを対抗できない（11条）。このように，支配人は広範な権限をもつので，濫用防止のため競業避止義務などが課される（12条）。なお，会社法上の支配人でなくても，本店長・支店長など事業の主任者を示す名称を付した使用人は，表見支配人として，取引相手との関係で支配人に近い権限があるものとみなされる（13条）。いうまでもなく，事情を知る相手方は保護されない（同条但書）。その他の使用人の権限は，限定されている（14条・15条）。

なお，その会社の使用人ではないが，会社のために，その会社の事業に関する取引の代理または媒介をする者を代理商といい（16条），これにも一定の競業避止義務を課している（17条）。そして，代理商には一定の権限などが付与されている（18条－20条）。

## ⑤ 事業譲渡と競業避止義務

事業の譲渡会社は，当事者間で別段の合意をしない限り，法律上当然に一定の地域内で一定期間，競業避止義務を負う（21条）。譲渡会社に不

正競争の目的があれば，例外なく譲渡対象の事業は行うことができない。なお，会社法21条1項の規定は，ネット社会の時代に適合しない。

事業が譲渡された場合は，譲受会社Bは譲渡会社Aの債務を引き受けるという意思表示をしない限り，BはAの債務を負わない。しかし，これにAの債権者Cが関わると，善意のCを保護するために，Bに責任を負わせるべき場合もある。そこで，会社法では，Bが①Aの商号を続用した場合（22条1項），および，②続用しなくても責任を負う旨の広告をした場合（23条1項）には，Bは責任を負うと規定された。なお，①の場合において，遅滞なく債務を負わない旨の登記をすれば責任を免れる（22条2項）。また，①②とは逆に，譲渡会社Aの債務者Dが，Aの商号を続用するBに誤って債務を弁済した場合には，弁済したDに重過失がない限り，この弁済を有効とした（22条4項）。これらの規定は，従来の商法の態度と変更がない。

## 6 外国会社の規制

### (1) 外国会社に対する規律

日本法に基づいて設立された会社を内国会社という。それに対して，外国法に基づいて設立された会社を外国会社という（2条2号）。日本で継続的に取引をする外国会社は，①日本における代表者の選任と登記，②会社についての登記（「外国会社の登記」）をしなければならない（817条1項・818条1項）。

### (2) 登記前の継続取引の禁止

外国会社は，登記をするまでは日本で継続的な取引をすることができ

ない（818条1項・979条2項）。これに違反して取引をした者は，相手方に対して，会社と連帯して債務を弁済する責任を負う（818条2項）。

### (3) 擬似外国会社に関する規制の改正

これは，外国法に基づいて設立された会社でありながら，日本に本店（事実上の本店を含む）を設け，または日本において事業をすることを主な目的とする会社をいう。その実体は，国内の会社と変わらないため，会社法では，擬似外国会社は日本国内において取引を継続して行うことができず（821条1項・979条2項），これに違反して取引を行った者は，その取引について，その擬似外国会社と連帯して責任を負うものとされた（821条2項）。したがって，日本で取引が認められないにもかかわらず，擬似外国会社Xがその代表者をYとして取引をすれば，取引の相手方はYに対しても取引による支払請求をすることができる。

**参考資料**

# 「会社法施行規則」,「会社計算規則」及び「電子公告規則」について

平成18年2月7日,「会社法施行規則」,「会社計算規則」及び「電子公告規則」が公布されました（施行日は,会社法の施行の日とされています）。

## 第1 会社法施行規則
### 1 概　　要
　この省令は,会社法の規定により委任された下記の事項その他の事項について,必要な事項を定めるとともに,会社法の規定により法務省令に委任された事項のうち他の省令で定める事項についてその旨を明らかにするものです。
- 親会社及び子会社の定義
- 株主総会等を招集する際に決定すべき事項
- 株主総会参考書類及び議決権行使書面等の記載事項等
- 役員の選解任に係る事項
- 各会社において決議等の対象となる体制その他業務の適正を確保するための体制に関する事項

- 会計参与報告の内容
- 事業報告の内容（買収防衛策に関する事項，社外取締役に関する事項等）
- 株式会社の清算（特別清算を含む）に関する事項
- 社債権者集会に係る事項その他社債に関する事項
- 組織再編行為を行う際の事前・事後備置書面の内容
- 特殊決議・総株主同意を必要とする対価の内容
- 株主代表訴訟における提訴請求の方法に関する事項

## 2 重要な項目とその内容

(1) 親会社及び子会社の定義

親会社及び子会社の定義として，「財務及び事業の方針の決定を支配している場合」という実質基準を用いることとしています。また，親会社及び子会社には，会社以外の法人，法人格を有しない組合等も含まれることとしています。これは，現行の財務諸表等規則8条4項の内容とほぼ同一の内容です（3条，4条）。

(2) 取締役等の説明義務

取締役等が株主総会において説明義務を負わない場合として，①株主が説明を求めた事項について説明をするために調査をすることが必要である場合（会社が総会の日の相当の期間前に通知を受けていた場合等を除く），②説明により会社その他の者の権利を侵害することとなる場合，③実質的に同一の事項について繰り返し説明を求める場合等を規定しています（71条）。

(3) 社外取締役等の選任に関する議案

公開会社が社外取締役等を選任する場合の選任議案の参考書類に，当該候補者が当該会社の特定関係事業者である会社等の業務執行者

や当該会社の業務執行者の配偶者，三親等以内の親族等であることを株式会社が知っているとき等にはその旨を記載することとしています（74条4項6号）。

(4) 業務の適正を確保する体制

株式会社の業務の適正を確保する体制とは，①取締役の職務の執行に係る情報の保存及び管理に関する体制，②損失の危険の管理に関する規程その他の体制，③取締役の職務の執行が効率的に行われることを確保するための体制，④使用人の職務の執行が法令及び定款に適合することを確保するための体制，⑤当該株式会社並びにその親会社及び子会社から成る企業集団における業務の適正を確保するための体制等であることを規定しています（98条，100条，112条）。

(5) 会計参与報告

会計参与報告の記載事項として，①会計参与が職務を行う際に会社と合意した事項，②計算書類作成のために採用した会計方針，③計算書類作成に用いた資料の種類や作成過程及び方法等を規定しています（102条）。

(6) 社外取締役に関する事項の事業報告への記載

会社が社外取締役を選任した場合には，①当該社外役員が他の会社の業務執行役員等であるときは，その事実及び当該会社と他の会社との関係，②社外役員が他の会社の社外役員を兼任している事実等を事業報告の記載事項としています（124条）。

(7) 買収防衛策に関する事項の事業報告への記載

会社の財務及び事業の方針の決定を支配する者の在り方に関する基本指針を定めている場合には，①基本方針の内容，②方針に照らして不適切な者が支配権を獲得することを防止するための取組み

（いわゆる買収防衛策）の具体的内容，③防衛策の合理性に対する経営陣の評価と意見等を事業報告の記載事項としています（127条）。

(8) 特殊決議・総株主同意を必要とする対価の内容

吸収合併，株式交換の承認手続において特殊決議・総株主同意を要するものとされる譲渡制限株式等・持分等の内容として，それぞれ，存続会社等の取得条項付株式又は取得条項付新株予約権（いずれも，取得対価が譲渡制限株式であるものに限る。）・権利の移転又は行使に債務者その他第三者の承諾を要するものを定めています（185条，186条）。

なお，当該事項については，この省令の施行後1年を目途として，合併等の対価に係る検討の結果に基づき，必要な見直し等の措置を講ずるものとすることとしています（附則9条）。

(9) 株主代表訴訟に関する提訴請求の方法等

株主が会社に対して責任追及等の訴えの提起を請求する際には，①被告となるべき者，②請求の趣旨及び請求を特定するのに必要な事実を明らかにしなければならないこととしています（217条）。

また，提訴請求を行った株主に対して交付する不提訴理由書においては，①会社が行った調査の内容，②請求対象者の責任等の有無についての判断，③請求対象者に責任等があると判断した場合にもかかわらず提訴しなかったときはその理由を明らかにしなければならないこととしています（218条）。

(10) ウェブサイトによる開示

事業報告における記載事項の一部，株主総会参考書類における記載事項の一部，注記表及び連結計算書類の全部につき，ウェブサイトで開示することにより，書面による提供の省略を可能とすること

としています（94条，133条3項，計算省令161条4項，162条4項）。

## 第2　会社計算規則
### 1　概　　要
　この省令は，会社の計算に関する下記の事項その他の事項を定めるものです。
- 会計帳簿の記帳
- 計算書類等の種類，計算書類等の表示
- 計算関係書類の監査の手続
- 計算書類等の株主への提供
- 計算書類の公告等
- 剰余金の計算，分配可能額の計算
- 組織再編行為に係る会社の計算

### 2　重要な項目とその内容
(1)　計算書類の種類

　計算書類は，①貸借対照表，②損益計算書，③株主資本等変動計算書，④個別注記表の4つから構成されることとしています（91条1項）。

(2)　企業結合会計基準に沿った株主資本の算定

　企業結合に関する会計基準及びその適用指針に沿った内容で株主資本が算定される。例えば，当該株式会社と共通支配下にある者が出資した場合において，当該出資者が出資財産について付していた帳簿価額がマイナスであるとき（簿価債務超過の事業を出資するときなど）は，株式を発行した場合に，当該株式会社の資本金・資本準備金は増加せず，当該マイナス部分について利益剰余金が減少する（74

条4項など）こととしています。

(3) 計算書類等の監査期間

　監査報告の通知期限として，計算書類を受領した日から「○週間を経過した日」等と規定することにより，現行法と同様の監査期間を各監査機関に確保しながら，監査役等による監査が早期に終了した場合には，定時株主総会を早期に開催することを可能にしています（152条1項，158条1項，160条1項等）。

　なお，監査役等と取締役の合意による監査期間の短縮も認めています。

(4) 会計監査人の職務の遂行に関する事項

　会計監査人は，監査役等に対する会計監査報告の内容の通知に際して，会計監査人の職務の遂行に関する事項を通知しなければならないこととした上で（159条），監査役は，会計監査人の職務の遂行が適正に実施されることを確保するための体制に関する事項を内容とした監査報告を作成しなければならないこととしています（155条）。

(5) 分配可能額

　分配可能額の算定にあたっては，①貸借対照表に計上された正ののれん及び繰延資産をも控除対象とするとともに（186条1号），②任意的に連結配当規制を適用することを可能としています（186条4号）。

## 第3　電子公告規則

### 1　概　　要

　この省令は，電子公告調査に関する下記の事項その他の事項を定めるものです。

参考資料

- ・ 電子公告調査を求める方法
- ・ 電子公告調査を行う方法
- ・ 調査結果通知の方法
- ・ 調査記録簿の記載

2 **重要な項目とその内容**

　現行の電子公告規則（平成17年法務省令第3号）と実質的に同内容を規定しています。


法務省ホームページ(http://www.moj.go.jp/MINJI/minji107.html)より。

## 索　引

### (あ)
相対取引……………………………70
預合い………………………………108

### (い)
委員会設置会社……………………46
委員会等設置会社…………………47
一人会社……………………………4
違法配当……………………………101

### (う)
打切発行……………………………87

### (え)
営業譲渡……………………………130
営利性の意味………………………3
ＬＬＰ………………………………123

### (お)
黄金株………………………………144

### (か)
開業準備行為………………………111
会計監査……………………………50
会計監査人…………………………52
会計監査人の会社に対する責任…53
会計監査人の権限…………………53
会計監査人の資格…………………53
会計監査人の報酬…………………53
会計参与……………………………14
会計参与制度………………………51
会計参与の権限……………………52
会計参与の選任……………………51
会計参与の任期……………………51
会計帳簿……………………………93

外国会社……………………………159
会社・商人間での事業譲渡………133
会社経営の合理化と適正化………13
会社計算規則………………………165
会社の解散命令……………………146
会社の継続…………………………145
会社の権利能力……………………5
会社の公告の方法…………………107
会社の組織再編……………………127
会社の分割…………………………133
会社不成立の場合の責任…………117
会社分割の手続……………………134
会社法施行規則……………………161
外部資金……………………………75
確認会社……………………………103
合併契約書…………………………128
合併差益……………………………140
合併差損……………………………140
株券…………………………………57
株券の不発行………………………57
株式…………………………………55
株式移転……………………………135
株式会社……………………………8
株式会社の解散事由………………145
株式買取請求権………………129, 132, 13
株式交換……………………………135
株式交換・株式移転の手続………136
株式譲渡自由の原則………………56
株式譲渡制限会社…………………15
株式と株券…………………………55
株式の消却…………………………71
株式の譲渡制限……………………64
株式の増減が及ぼす影響…………55
株式の分割…………………………72
株式の併合…………………………72
株主権………………………………55

| | |
|---|---|
| 株主資本 | 96 |
| 株主資本等変動計算書 | 94 |
| 株主総会 | 17 |
| 株主総会以外の機関の設置 | 16 |
| 株主総会決議の瑕疵 | 23 |
| 株主総会の合理化 | 21 |
| 株主代表訴訟 | 38 |
| 株主代表訴訟の効果 | 39 |
| 株主提案権 | 20 |
| 株主となる時期 | 78 |
| 株主の確定 | 107 |
| 株主平等の原則 | 64 |
| 株主への会社財産の払戻 | 99 |
| 株主名簿等の閲覧請求権 | 67 |
| 株主有限責任 | 5, 8 |
| 株主割当 | 76, 78 |
| 簡易事業譲渡 | 131 |
| 簡易事業譲受け | 132 |
| 簡易組織再編 | 130, 135, 138 |
| 監査役会 | 14, 16 |
| 監査役の権限 | 48 |
| 監査役の資格 | 48 |
| 監査役の任期 | 48 |
| 監視義務 | 31 |
| 間接責任 | 8 |
| 間接損害 | 31 |
| 間接有限責任 | 123 |
| 完全親会社 | 135 |
| 完全子会社 | 135 |
| 監督是正権 | 62, 66 |
| 管理命令 | 147 |

(き)

| | |
|---|---|
| 議案提出権 | 20 |
| 機関設計 | 16 |
| 機関設計の柔軟化 | 14 |
| 機関の分化 | 13 |
| 議決権行使書面 | 21 |
| 議決権制限株式 | 19, 60 |

| | |
|---|---|
| 議決権の不統一行使 | 19 |
| 擬似外国会社 | 160 |
| 擬似発起人 | 105 |
| 基準日 | 68 |
| 基準日後の株主権 | 68 |
| 議題提案権 | 20 |
| 吸収合併 | 128 |
| 吸収分割 | 133 |
| 共益権 | 62 |
| 競業避止義務 | 32, 158 |
| 強制転換条項付株式 | 144 |
| 業務監査 | 50 |
| 業務監査と会計監査 | 49 |
| 業務執行社員 | 122, 124 |
| 拒否権付株式 | 59, 144 |
| 金庫株 | 70 |
| 金銭債権の現物出資 | 78 |

(く)

| | |
|---|---|
| 組合課税 | 123 |

(け)

| | |
|---|---|
| 経営判断の法則 | 30 |
| 計算書類 | 94 |
| 決議取消しの訴え | 23 |
| 決議不存在・無効確認の訴え | 24 |
| 決算公告 | 22, 98 |
| 減価償却 | 75 |
| 原始定款 | 105 |
| 現物出資 | 112 |
| 現物出資規制の緩和 | 113 |
| 現物配当 | 100 |
| 権利能力なき社団 | 110 |

(こ)

| | |
|---|---|
| 公開会社 | 15, 16 |
| 公開買付け | 70 |
| 公告方法 | 156 |
| 合資会社 | 10, 122 |

索　引

| | |
|---|---|
| 構成員課税 …………………………… 123 | 事実上の取締役 ……………………… 31 |
| 公正妥当な企業会計の慣行 ………… 93 | 市場取引 ………………………………… 70 |
| 合同会社 ………………………… 10, 123 | 執行役 …………………………………… 46 |
| 交付金合併 …………………………… 137 | 執行役の権限 …………………………… 47 |
| 公募 ……………………………………… 76 | 支店所在地で登記すべき事項 …… 156 |
| 合名会社 ………………………… 9, 121 | 支配人 ………………………………… 158 |
| 子会社 …………………………………… 73 | 資本確定の原則 ………………………… 98 |
| 子会社による親株式会社の取得制限 …… 73 | 資本金 …………………………………… 95 |
| 子会社の規制 …………………………… 73 | 資本金・準備金減少 …………………… 96 |
| コンプライアンス ……………………… 54 | 資本組入れ基準 ………………………… 96 |
| （さ） | 資本原則の緩和 ………………………… 97 |
| | 資本原則の合理化 ……………………… 98 |
| 罪刑法定主義 ………………………… 109 | 資本充実・維持の原則 ………………… 97 |
| 財源規制 ……………………………… 125 | 資本準備金 ……………………………… 95 |
| 債権者保護手続 ……… 129, 134, 141 | 資本不変の原則 ………………………… 97 |
| 財産引受 ……………………………… 112 | 社外取締役 ……………………………… 47 |
| 最低資本金制度 ……………………… 103 | 社債管理者 ……………………………… 87 |
| 三委員会 …………………………… 46, 47 | 社債管理者の辞任要件 ………………… 90 |
| 三角合併 ……………………………… 137 | 社債管理者の責任 ……………………… 89 |
| 残余財産の分配 ……………………… 149 | 社債券 …………………………………… 84 |
| （し） | 社債原簿 ………………………………… 90 |
| | 社債権者集会 …………………………… 88 |
| 自益権 …………………………………… 62 | 社債と株式 ……………………………… 83 |
| 事業譲渡 ……………………………… 130 | 社債の譲渡・質入 ……………………… 90 |
| 事業譲渡と競業避止義務 …………… 158 | 社債募集事項 …………………………… 87 |
| 事業譲渡の対象 ……………………… 130 | 社債持分変動計算書 ………………… 125 |
| 事業全部の賃貸等 …………………… 132 | 社団と組合 ……………………………… 4 |
| 事業の重要な一部 …………………… 131 | 重要財産委員会の廃止 ………………… 27 |
| 事業の譲受け ………………………… 131 | 授権資本制度 …………………………… 98 |
| 資金調達源 ……………………………… 75 | 出資の払出し禁止 ……………………… 56 |
| 自己株式 ………………………………… 19 | 取得条項付株式 …………………… 59, 143 |
| 自己株式の株主権 ……………………… 71 | 取得請求権付株式 ……………………… 59 |
| 自己株式の取得 ………………………… 69 | 種類株式 …………………………… 58, 144 |
| 自己株式の消却 ………………………… 71 | 種類株主総会 …………………………… 60 |
| 自己株式の有償取得 ………………… 101 | 純資産の部 ……………………………… 95 |
| 自己金融 ………………………………… 75 | 準則主義 ……………………………… 103 |
| 自己新株予約権の行使 ………………… 81 | 準備金 …………………………………… 95 |
| 事後設立 ……………………………… 114 | 少額特例 ……………………………… 113 |
| 事後設立の規制緩和 ………………… 115 | 商事非訟事件 ………………………… 153 |

171

少数株主権‥‥‥‥‥‥‥‥‥‥‥63
少数株主権の行使要件‥‥‥‥‥‥67
譲渡制限会社‥‥‥‥‥‥‥‥‥‥15
譲渡制限株式の発行‥‥‥‥‥‥‥77
譲渡による取得‥‥‥‥‥‥‥‥‥56
賞与‥‥‥‥‥‥‥‥‥‥‥‥‥‥35
剰余金と分配可能額‥‥‥‥‥‥100
剰余金の配当等‥‥‥‥‥‥‥‥‥99
剰余金配当規制‥‥‥‥‥‥‥‥‥99
剰余金配当の手続‥‥‥‥‥‥‥‥99
所有と経営の分離‥‥‥‥‥‥24, 42
新株の発行手続‥‥‥‥‥‥‥‥‥84
新株発行‥‥‥‥‥‥‥‥‥‥‥‥75
新株発行と既存株主の保護‥‥‥‥76
新株発行に対する払込の証明‥‥‥79
新株発行の瑕疵‥‥‥‥‥‥‥‥‥79
新株発行の不存在確認の訴え‥‥‥79
新株発行無効の訴え‥‥‥‥‥79, 152
新株引受権‥‥‥‥‥‥‥‥76, 80, 143
新株予約権買取請求‥‥‥‥‥‥129
新株予約権の行使‥‥‥‥‥‥‥‥80
新株予約権の消却‥‥‥‥‥‥‥‥81
新設合併‥‥‥‥‥‥‥‥‥‥‥128
新設分割‥‥‥‥‥‥‥‥‥‥‥133
人的分割‥‥‥‥‥‥‥‥‥‥‥133

（す）

ストック・オプション‥‥‥‥‥‥82

（せ）

清算会社の機関‥‥‥‥‥‥‥‥148
清算結了‥‥‥‥‥‥‥‥‥‥‥149
清算中の会社‥‥‥‥‥‥‥‥‥148
絶対的記載事項‥‥‥‥‥‥‥‥105
設立中の会社‥‥‥‥‥‥‥‥‥110
設立費用‥‥‥‥‥‥‥‥‥‥‥112
設立無効の訴え‥‥‥‥‥‥‥‥151
善意取得‥‥‥‥‥‥‥‥‥‥‥‥91
善意取得の制度‥‥‥‥‥‥‥‥‥57

善管注意義務‥‥‥‥‥‥‥‥‥‥29
善管注意義務と忠実義務‥‥‥‥‥30
全部取得条項付種類株式‥‥‥‥‥59

（そ）

総会決議を欠く代表取締役の行為‥‥45
総会検査役‥‥‥‥‥‥‥‥‥‥‥21
総会屋への利益供与‥‥‥‥‥‥‥64
相互保有株式‥‥‥‥‥‥‥‥‥‥19
相互保有株式の規制‥‥‥‥‥‥‥74
相対的記載事項‥‥‥‥‥‥‥‥105
創立総会‥‥‥‥‥‥‥‥‥104, 107
組織再編制度‥‥‥‥‥‥‥‥‥127
組織変更‥‥‥‥‥‥‥‥‥‥‥141
組織変更の手続‥‥‥‥‥‥‥‥141
組織変更無効の訴え‥‥‥‥‥‥142

（た）

対価の柔軟化‥‥‥‥‥‥‥136, 137
第三者割当‥‥‥‥‥‥‥‥‥‥‥76
退社‥‥‥‥‥‥‥‥‥‥‥122, 125
退職慰労金‥‥‥‥‥‥‥‥‥‥‥35
代表権の制限‥‥‥‥‥‥‥‥‥‥44
代表権の濫用‥‥‥‥‥‥‥‥‥‥44
代表訴訟の合理化‥‥‥‥‥‥‥‥40
代表取締役‥‥‥‥‥‥‥‥‥‥‥43
単元株‥‥‥‥‥‥‥‥‥‥‥‥‥61
単元未満株式‥‥‥‥‥‥‥‥19, 61
単元未満株主の権利‥‥‥‥‥‥‥61
単独株主権‥‥‥‥‥‥‥‥‥‥‥63

（ち）

忠実義務‥‥‥‥‥‥‥‥‥‥‥‥30
中小企業の会計に関する指針‥‥‥93
直接責任‥‥‥‥‥‥‥‥‥‥9, 10
直接損害‥‥‥‥‥‥‥‥‥‥‥‥31
直接有限責任‥‥‥‥‥‥‥‥‥‥10

索　引

## （つ）

通常清算手続 …………………147

## （て）

定款自治 ……………………128
定款による譲渡制限……………65
定款の記載事項 ………………105
定款の定めによる監査権限の限定……50
定款変更 ………………………142
定時総会 …………………………18
敵対的買収 ……………………142
敵対的買収の防衛策 …………143
電子公告規則 …………………166

## （と）

同一性説 ………………………110
登記すべき事項 ………………155
登記の効力 ……………………155
特殊決議 …………………………18
特別決議 …………………………18
特別支配会社 ……………130, 132
特別支配関係 …………………139
特別清算手続 …………………147
特別取締役 …………………27, 47
特例有限会社 …………………6, 7
特例有限会社の存続期間…………8
取締役会の形骸化防止 …………26
取締役会の決議 …………………25
取締役会の招集 …………………25
取締役会を設置しない会社 ……15
取締役会を設置する会社 ………15
取締役の解任の訴え ……………43
取締役会の権限 …………………25
取締役会の書面決議 ……………26
取締役会を設置しない会社の株主総会……22
取締役の員数 ……………………28
取締役の会社に対する損害賠償責任……34
取締役の解任 ……………………42

取締役の義務と責任 ……………29
取締役の欠格事由 ………………28
取締役の権限濫用の防止 ………32
取締役の責任 ……………………30
取締役の責任の緩和 ……………37
取締役の任期 ……………………29
取締役の任期伸長 ………………41
取締役の報酬 ……………………34

## （な）

内国会社 ………………………159
名板貸人の責任 ………………158
内部資金 …………………………75
内部統制システム ………………54

## （に）

任意的記載事項 ………………106

## （は）

配当可能利益 …………………100
配当優先株式 ……………………58
端株 ………………………………61
端株制度の廃止 …………………61
パススルー課税 ………………123
発行価額 …………………………96
発行可能株式総数 ………………98
発行可能株式総数 ……………106
払込金額 …………………………96
払込金保管証明 …………115, 116
払込取扱機関 ……………108, 116
払込取扱の場所 ………………107

## （ひ）

引受価額 …………………………96
非訟手続 ………………………153
必要な決議に基づかない行為 …44
一株一議決権の原則 ……………19
100パーセント減資 ……………96
表見支配人 ……………………158

表見代表取締役……………………45
表見代表取締役の成立要件…………45
日割配当………………………………69

(ふ)

普通決議………………………………18
物的会社………………………………9
物的分割………………………………133
分割型分割……………………………133
分社型分割……………………………133
分配可能額……………………………99

(へ)

変態設立事項…………………………111

(ほ)

ポイズンピル…………………………143
包括承継………………………………128
法人格形骸化・濫用…………………118
法人格否認の法理……………………118
法人格否認の要件……………………118
法人制度の存在する意義……………5
補欠監査役……………………………50
募集株式の発行等……………………75,76
募集新株予約権の発行手続…………80
募集設立………………………………103
発起設立………………………………103
発起人組合……………………………110
発起人組合と設立中の会社…………110
発起人等の責任………………………116
発起人の権限…………………………110

(み)

見せ金…………………………………109
みなし解散……………………………146
みなし大会社…………………………53

(む)

無議決権株式…………………………58

無限責任………………………………9

(め)

名目的取締役…………………………31

(も)

持株会社………………………………135
持分会社………………………………8,9
持分の払戻し…………………………125

(や)

役員解任の訴え………………………152
役員賞与………………………………102

(ゆ)

有価証券の特例………………………113
有限会社制度…………………………6
有限責任事業組合（LLP）…………123
有限責任社員…………………………10,123
友好的買収……………………………142
有利発行………………………………77,81

(ら)

ライツプラン…………………………143

(り)

利益供与………………………………64
利益準備金……………………………95
利益処分案・損失処理案……………94
利益相反取引…………………………33
利益の内部留保………………………75
リスク管理体制構築義務……………31
略式組織再編…………………130,132,135
略式組織再編行為……………………139
略式組織再編の差止め………………139
臨時計算書類…………………………94
臨時総会………………………………18

## 索　引

### （る）

類似商号 …………………………………157
累積投票…………………………………28

### （ろ）

労務・信用出資 …………………………121

### （わ）

割合的地位…………………………………55
割当 ………………………………………107

## 著者紹介

**山下　眞弘**（やました・まさひろ）

〔略　歴〕
　1947年　大阪生まれ
　1971年　関西大学法学部卒業
　1976年　関西大学大学院法学研究科博士課程単位取得
　1987年　島根大学法文学部教授
　1994年　立命館大学法学部教授
　現　在　大阪大学大学院法学研究科教授(商法)／博士(法学・関西大学)

〔主　著〕
『会社営業譲渡の法理』(信山社，1997年)
『国際手形条約の法理論』(信山社，1997年)
『営業譲渡・譲受の理論と実際』(信山社，1999年)
『やさしい商法総則・商行為法』(法学書院，2000年)
『会社訴訟をめぐる理論と実務』(共編著，中央経済社，2002年)
『やさしい商法』(税務経理協会，2002年)
『やさしい手形小切手法』(税務経理協会，2003年)
『税法と会社法の連携』(共編著，税務経理協会，2003年)

編著者との契約により検印省略

平成18年4月10日　初版発行

### 中小企業の会社法・実践講義

| | | |
|---|---|---|
| 著　者 | 山　下　眞　弘 | |
| 発行者 | 大　坪　嘉　春 | |
| 印刷所 | 税経印刷株式会社 | |
| 製本所 | 株式会社　三森製本所 | |

発行所　東京都新宿区下落合2丁目5番13号　株式会社 税務経理協会
郵便番号 161-0033　振替 00190-2-187408　電話(03)3953-3301(編集代表)
FAX(03)3565-3391　(03)3953-3325(営業代表)
URL http://www.zeikei.co.jp/
乱丁・落丁の場合はお取替えいたします。

© 山下眞弘　2006　　　　　　　　Printed in Japan

本書の内容の一部又は全部を無断で複写複製（コピー）することは，法律で認められた場合を除き，著者及び出版社の権利侵害となりますので，コピーの必要がある場合は，あらかじめ当社あて許諾を求めて下さい。

ISBN4-419-04705-4　C1032